슈크림

백신애 산문집

만인사

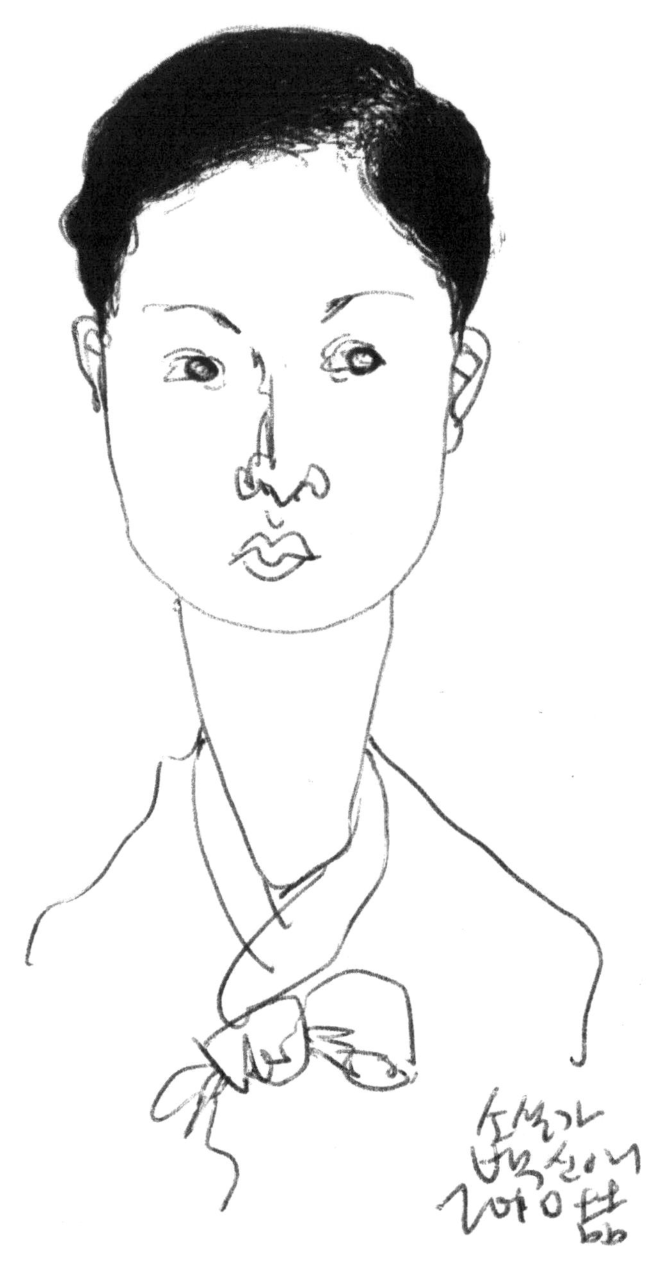
소설가
백신애
2010 봄

일러두기

1. 1934년에서 1939년까지 잡지나 신문에 발표된 글 중에서 백신애의 산문임을 확인된 것은 총망라했다. 일부 단행본에서 백신애의 산문으로 실린 것 중에서 원전을 확보할 수 없었던 글은 제외시켰다.

2. 작품들은 발표 원전을 저본으로 삼았다. 원전을 일일이 대조하여 원전 확정에 주력했다. 발표 원문과 전집에서 발견되는 차이는 각주로 밝혀 두었다.

3. 원문을 가능하면 살리되 현대 독자들이 읽기 쉽도록 현대어 표기로 고치고 필요한 한자는 병기했다. 현대어로 고치되 방언은 그대로 살렸다. 원전에 탈락된 단어들은 전후 문맥이 명확한 단어들만 현대어로 표기했고, 그렇지 않은 것은 ㅁ표시로 남겨두었다.

4. 어려운 내용이나 한자 구절, 한시, 외국어에는 주석을 달고 일본어는 가능한 한 우리말로 대체한 뒤 각주로 밝혀두었다.

5. 이 책의 표기법은 현행 한글맞춤법과 외래어 표기법에 의거하였다. 과다한 조사 '—의'는 문장이 훼손되지 않는 범위에서 삭제했다. 명백한 오식은 각주에서 밝혀두었다.

5. 수록 순서는 편집 의도대로했으며 발표 지면과 발표 연월일은 글 뒤에 표기해두었다.

6. 잡지나 신문은《 》, 책은『 』, 작품은「 」로 표기해 두었다.

백신애 산문집을 내면서

호사가들의 여기(餘技) 정도로만 수필을 인식하게 만들었던 시절이 있었고, 그 인식이 아직도 일정부분 유효하다는 생각은 여전하다. 일제강점기를 치열하게 살다간 작가 백신애가 여기저기 발표했던 글들을 모아 이 책을 묶으면서 '산문집'이라고 불러도 좋은지에 대한 고민이 없었던 것은 아니었다. 지금까지 문학의 하위개념으로 일컬어지고 있는 수필이 기존의 인식과 형식을 깨트리지 못하고 철저하게 고립되어 가는 현실을 볼 때, 1930년대에 쓴 백신애의 글들은 기존의 수필과는 궤를 달리하고 있는가, 라는 생각 때문이었다.

평론가 김양헌은 생전에 「수필은 있어도 문학은 없다」라는 글에서 수필을 "일상적 귀족주의라는 반역사적이고 비예술적인 퇴행의 갈래로 전락하기 이전에도 수필은 문학의 중심부에 진입한 적이 없었다"고 하면서 현재의 수필을 "오로지 수필이란 틀에 잘 맞추려는 안타까운 욕망만 비칠 따름이다. (중략) 그것은 첨예한 정신의 변화 과정에 대한 심오한 통찰의 기록이다. 몇 십 년 전 양식을 되풀이 베끼기만 한다면 그것을 어찌 문학이라 하셨는가?"라고 안타까워했다. 그렇다고 해서 백신애 글들이 김양헌의 지적에서 온전히 벗어나 있다는 말은 물론 아니다. 그러나 적어도 백신애의 글에는 참담했던 1930년대의 '삶'과 '인식'이 있고, '기존의 인식과 형식을 허물고 존재의 진실에 한 걸음 더 다가서기 위해 발버둥치는' 치열한 '과정'이 있다. 또 그 당시 시인 작가들의 글에 견주어 지금에도 진부하지 않은 글 읽기의 신선함은 이채로운 문장들과 함께 각별하다. 주변부에만 머물렀던 백신애의 글쓰기에 있어서 저항은 때로 아만에 가까웠다는 그런 지극히 주관적인 이유가 이 책을 산문집으로 명명하게 된 까닭이다.

일제강점기의 많은 작가들이 그렇듯이 여기저기 흩어져 있었던 백신애의 산문 역시 생애를 추적하는 보조 자료로만 활용되었을 뿐, 소설작품을 연구하는 데에는 그다지 기여하지 못한 것이 사실이다. 그런 의미에서 이 산문집이 연구자들에게 좋은 자료로 활용되었으면 하는 생각이다.

산문집 『슈크림』에는 33편의 글이 실려 있다. 그 중에는 한 편의 짧은 논단도 포함되어 있는데 애초에는 다른 몇 편과 함께 제외시킬 생각이었지만, 두 번 다시 이런 책이 묶여질 수 없으리란 생각 때문에 포함시키기로 했다. 1999년에 나온 현대문학사판 『백신애 선집』에 수록되었던 11편을 제외한 작품들이 한두 편씩 여기저기 단행본으로 묶여지는 과정에서 턱없이 윤색되고 심하게 누락되었거나, 점철된 오독과 오역, 판독불가, 심지어는 제목이 달라져 있는 경우도 있었다. 일례로 「백안」은 3회 연재 중 2회 분이, 「나의 시베리아 방랑기」는 2회 연재 중 1회 분이 누락되었다. 그리고 「눈 오던 밤의 춘희」

는 많은 단행본들이 「눈 오던 그날 밤」으로 되어 있는데, '눈 오던 그날 밤'은 1938년《여성》잡지에서 원고 청탁을 할 때 주어졌던 주제였다.

백신애는 죽음 직전 병상에서 단편소설 「혼명에서」를 산문 「여행은 길동무」로 다시 쓴 것은 의미심장하다. 임종국은 『친일문학론』 부록 편에 일본어로 글을 쓴 작가와 작품을 기록해 두었는데, 「여행은 길동무」를 「지옥행」으로 명기해 두었음을 밝혀둔다.

작가론을 쓸까도 생각해 보았으나 사족이 길어질 것 같아 그만 두었다. 『백신애 선집』에 실린 내용을 그대로 옮겨놓을 수도 없는 일이었다. 그 대신 작가 연보를 상세하게 기술해 놓았기 때문에 그것으로 충분하리라 본다. 작품 원전을 찾는 일에 든 비용은 온전히 백신애기념사업회 몫이었다. 그래서 편저자를 기념사업회 명의로 했다. 이것으로 꽁꽁 숨어있던 백신애 작품을 찾아 책으로 묶는 심부름꾼 노릇은 끝이 난 것 같다. 아쉬움이 없는 건 아니지만 마음은 개운하다.

한시를 번역해주신 계명대학교의 이종문 시인과 70년 전의 일본어로 된 원고를 우리 글로 옮긴 계명대학교의 신지숙 교수, 작가의 오랜 사진을 재해석하여 단아하게 되살려준 이영철 화백, 편집 방향과 여러 오류들을 지적해 준 박진형 시인께 다시 한 번 머리를 숙인다.

이중기(시인)

수그림

차 례

3 금잠

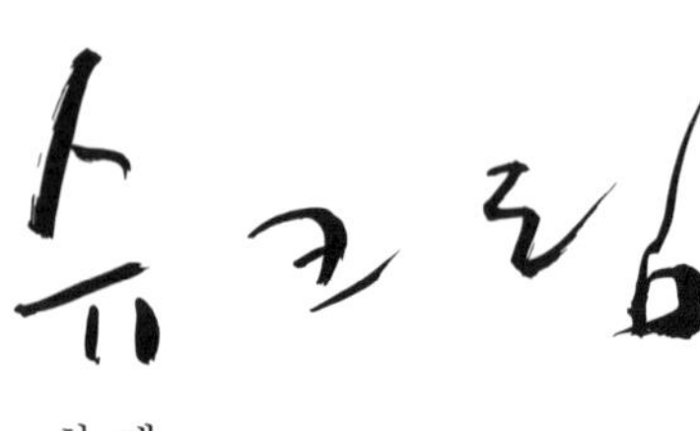

차 례

1
백합 화단

손대지 않고 능금 따기/종달새/춘맹/종달새 곡보/연당 녹음하/납량 이제/추성 전문/백합 화단/초화

손대지 않고 능금 따기

사촌 동생들, 조카들, 나 모두 여덟이서 비가 자주 와서 해수욕도 못하고 우리 집에서 보내게 되었는데, 우리 집은 과수원이라 온갖 실과가 다 있습니다. 밭 가운데 있는 '원두막'에다 높다랗게 생철통을 달아매두고 아침 남 먼저 일어나는 아이가 올라가서 냅다 두들기면, 모두 뛰어나가 세수를 하고 수박밭으로 몰려가며 고래고래 노래를 부르고 줄에 달아둔 채 제가끔 한 개씩 수박을 깨트려 먹고 난 후 '라지오'[1] 에 맞추어 과수나무 사이에서 체조를 한 후, 그날 과제장과 숙제를 하고 아침을 먹습니다. 밤에는 잘 시간이 되어도 더 장난하는 사람은 궁둥이를 때리기로 했는데 모두들 방장 안에

1) 라디오

들어가서 자꾸만 장난을 했습니다. 무엇보다 재미있고 우스운 것은 큰 수통에다가 펌프로 물을 가득 넣어두고 해수욕한다고 덤벙덤벙 야단들을 하며 나무에 달린 채 능금을 손을 대지 않고 베어먹기 하는 것이었는데 좀처럼 잘 먹어지지 않는 것이었습니다. 제일 꼬마둥이인 다섯 살 먹은 조카는 애를 쓰다 못해 머리로 능금을 때려서 떨어트려 가지고 두 발 사이에 끼워 놓고 베어 먹었습니다.

올 방학에도 또 이렇게 재미있게 보내려합니다.

(《소년》, 1937. 8.)

종달새

나는 어릴 때 종종 혼자서 이러한 생각을 하였다.

'제비는 가을이 되면 강남으로 가고 기러기는 봄이 되면 북쪽으로 가고 참새는 늙으면 새조개(貝)란 것이 되고 매미는 알을 낳고 죽어버리고 뱀은 가을이 되면 흙 속으로 들어가고 하는데 종달새는 여름이 지나면 어데로 가는고…….' 하는 것이었다.

학교라고는 내 평생을 도합 해보았자 불과 사 년도 채 못 다녀 봤고, 그저 완고하게 글씨나 쓰고 큰소리로 좍좍 한문이나 읽어왔던 터이므로 내 머리 속에 선생이란 무서운 것, 귀찮은 것이라는 생각밖에 없었음인지 천진스런 어린 때의 회의(懷疑)를 맘 놓고 물어보지 못했던 것이므로 어른이 다 된 요즈음까지도 종달새는 가을부터 봄까지 어데 가 있다 오는지를 알지 못했던 것이다.

어머니께는 물어보다가

"글 읽기 꾀나니까 별 망령을 다 하는구나."

하고 퉈방[1]만 톡톡히 얻어먹고 뾰루퉁[2]해져서 죄 없는 책장만 쥐어뜯었으므로 다시 더 묻지 않았었다.

그런데 내가 일곱 살인가 여덟 살 때, 무엇이든지 잘 안다는 복순이라는 동무에게 한 번 물어 보았던 것이다. 벌써 근 20년이나 되는 오늘까지 그때 복순이 대답을 잊지 않고 있는 것을 보면 지금껏 복순이 말을 믿는 것이 되겠으며 따라서 종달새를 얼마나 좋아했다는 것임을 알겠다. 이것을 보면 나라는 인간도 제가 젠 척은 하면서도 어리석고 몽상을 좋아하는 이지 없는 팔삭동임이 상당하다고 생각된다.

"그것도 몰라. 노고지리[3]는 저 건넛산 속에 있단다."

"산 속에 어떻게 있나?"

"내가 나물 캐러 가니까 저 산 속에 아주 큰 굴 하나가 있는데, 그 굴에는 겨울이 되면 노고지리가 가득 채여 있다더라. 온 세계 노고지리는 모다 그 속에 있는가 부더라."

나는 거짓말인가 하고 의심을 하니까

"거짓말인 줄 아는구나. 너는 몰라도 노고지리는 울면서 자꾸 하늘로 올라간단다. 왜 하늘로 올라가는고 하면 저 건넛

---

1) 타박하다.

2) 뾰루퉁하다. 뽀로통하다.

3) 종달새

산이 하늘에 딱 대어 있거든. 그러니까 하늘로 올라가서 하늘 길을 걸어서 저 산굴로 들어가는 거야."

"거짓말이지. 저 산이 그렇게 높을까?"

"높으고 말고. 지금 여기서 보니까 하늘이 높은 것 같애도 저 산에 가면 하늘과 산이 딱 들어붙었단다. 나도 하늘을 맘대로 만져 보았는데 그래. 나는 무서워서 산꼭지까지 올라가지 않고 조금 낮은 곳에서 만져보려니까 키가 모자라더란다. 그래서 나물바구니를 엎어놓고 올라서니까 맘대로 만져지던데 뭐……."

"그러면 하늘이 어떻더냐?"

"좀 몰랑몰랑하고 차갑지. 좀 띠어 먹어보니까 아주 달디 달고 조금만 먹어도 아주 배가 불러."

"하늘 위는 보이지 않더냐?"

"왜 안 보여. 좀 띠어먹고 그 구멍으로 들여다보니까 참 좋더란다."

나는 이 말을 듣고 어떻게나 그 산에 가보고 싶었던지

"우리 내일 같이 가 보자꾸나."

하고 꾀니까

"행, 큰일 날 소리를 다 하네. 그때 내가 하늘을 좀 띠어먹고 구멍을 뚫었다고 이번에는 가면 붙들려 막대를 맞을 걸."

하고 딱 잡아뗐다. 그래서 나는 멀리 그 산을 바라보니 과연 하늘은 그 산꼭대기에 대어있는 것 같았으므로 더 입을 떼지 않았던 것이었다. 복순이는 지금 어디로 가서 어떻게 되었는지 모르나 오직 그가 가르쳐 준 종달새 겨울집 이야기와 몰랑몰랑하고 달콤한 하늘 이야기는 해해마다 생각이 난다.

저 지난 달 어느 날 이른 아침, 아직 추운 겨울이 남아 있는 날 들길을 산보하다가 한 마리의 종달새를 발견했다. 그래서 집에 돌아오자 곧 일꾼들에게 물어보니

"노고지리는 겨울동안 내내 보리밭에 있구마. 보리가 패고 날씨가 따뜻하면 재절거리지만, 치워지면 재절거리지는 않아도 있기는 늘 들판에 있지요."

한다. 그 후에도 집 근처에서 자주 노래를 잊어버린 종달새를 보았다.

푸른 들판 위에 우뚝 서 있는 집 위에 광휘 있고 윤택한 햇빛이 자혜롭게 내릴 때, 강가의 버들은 늘어지고 못물은 잔잔하고 잔디 깔린 집 뒤 산기슭에 소나무를 벗하여 선 꿀밤나무, 새나무 가녀린 새 잎사귀 녹색의 정령들이 나를 부른다. 긴 치마 벗어버리고 짧은 옷 꿰어 입고 산기슭으로 달려간다.

명랑하게 광활한 눈을 뜬 오월의 내 고장 하늘은 미친 봄바람을 고요히 진정시키고 내 반생 동안에 그 겨울집을 저 멀리 보이는 앞산 속에 숨겨 두었던 종달새를 쫙, 두 활개 펼쳐 주어 즐거운 노래를 들리게 한다.

보드라운 잎사귀는 땅 위에 얇은 그림자를 내려놓고 향기로운 신록의 정령들은 소리 없이 손뼉 치며 복순이가 가르쳐 주던 이야기를 나에게 속삭인다. 지금도 저 명랑한 하늘은 앞산 위에 걸쳐 있다.

세상은 알지 못하나 멀리 산과 산이 경계해 준 내 고장 반야월의 광활한 하늘, 무르녹는 녹색의 신영(新影) 그 속에 안긴 내 가슴은 온 들판에 퍼져 울리는 종달새 노래소리에 까닭 없이 희열과 약동에 깨어질 듯하다.

(《신가정》, 1935. 5.)

춘맹春萌

구정 초라고 동무 따라 놀러 다니다가 집에 돌아오니 몸이 피로하여 며칠간 누워 있었다. 외따로 들 가운데 지은 집인지라, 창을 열면 '피크닉' 와서 '캠프' 속에 있는 듯한 느낌이 있다. 창밖이 들이요, 못이요 산들이다.

베개에 시달린 머리가 몹시 무거워 몸을 일으켜 창턱에 기대어 밖을 내다보았더니, 동네 소녀들이 설 치장하고 난 퇴물인 듯한 온갖 물색 옷을 입고 나방머리 땋아 붙이고 둘씩 셋씩 들 가운데 점경을 이루었다.

"발서[1] 나물 캐는 아이들인가 보다."

하고 속삭였더니 문득 눈앞에 내 어리던 때 생각이 터져 올랐다.

---

1) 벌써

나는 어릴 때 몹시 나물이 캐보고 싶었다. 밥도 먹지 않고 할머니를 졸라대던 것도 생각난다. 그러나 지금까지 단 두 번 밖에 나물 캘 기회가 없었으니 애석하다. 그 한 번은 내가 여덟 살 되던 해 이때쯤 되어서이다. 이웃집 아이들이 대문 밖에서 가만히 하는 손짓에 몸을 숨겨 미리 아주머니에게 부탁하였던 바구니와 호미를 들고 줄달음질을 하여 대문 밖을 나오다가 그만 어머니에게 들켜 매를 맞고 실컷 울고 난 그 이튿날

"그렇게 가고 싶거든 오늘부터 글 배우지 말고 나물이나 캐고 정주일[2]이나 배워라."

하고 꾸지람 반 허락을 얻어 동무들 따라 들로 나가게 되었다.

그때 그 들판은 별나게도 넓어 보이고 하늘 또한 한없이 아름다워 보였다. 보리밭에는 종달새들이 풀풀 날아다니고, 들바람은 정답게 나를 어루만져 주었다. 이리저리 걸어갈 제 내 마음은 기쁨과 즐거움에 깨어질 듯했다.

나비야, 나비야, 범나비야, 화게 칭칭 둘러보니 무슨 꽃이 피었더냐.

제비, 제비, 초록제비, 임금 왕 터 물어다가 수영 땅에 집을 짓고…….

---

2) 부엌일

손에 손을 잡고 노래를 부르며 들 가운데 뛰놀 때, 동무들은 나물이나 캐려고 애를 썼으나 나는 그 아름다운 하늘이 닿아 있는 듯한 앞산만 바라보았다.

동무들은 제각기 많이 아는 척 하느라고 지붕 위에서 대나무 장대로 찌르면 하늘이 뚫어진다는 둥, 앞산 위에 올라가 정말 하늘을 만져보았다는 둥 야단이었으나 나는 어느 때 선생님이 공부를 많이 하면 하늘 일과 땅 속 일을 다 알 수 있다고 하던 말을 생각하며

"나는 기어이 하늘 위에 올라가보고 말겠다."

고 속삭였었다.

"나는 우리 머슴에게 사닥다리 지워가지고 앞산에 가서 하늘 위에 머리만 올려서 뭐가 있는가 볼란다. 영 올라가면 하늘이 물렁물렁해서 꺼지면 어떡해."

하고 나도 말을 했더니 동무들은 귀를 기울여 잠자코 나를 쳐다보았다. 부러운 듯이…….

그때 내 가슴은 오직 그 푸르고 맑은 아름다운 하늘만이 그리웠었다.

이따금 나도 나물을 캐려고 한 포기를 찾아 달려가면 벌써 다른 동무들이 먼저 납작 캐버리므로 나는 이마에 땀만 흘릴 뿐이었다. 나중에는 하는 수 없이 동무들이 캐지 않고 버리는 것만 캤다. 그러므로 내 바구니 속에는 벌레 먹고 야윈 불쌍한 나물뿐이었고, 동무들의 바구니 속에는 살찌고 부드러워 복스러운 나물뿐이었다.

석양 가까워 시냇가에 모여 와서 나물을 정하게 씻어, 깨끗한 돌 위에 놓고 손 씻고 얼굴 씻고 양치하고 두 손 마주대어

"영두님요, 영두님도 내 나물은 저 산 모댁이[3] 만치 붇게 해주소."

하고 빌며 절한 후 나물을 조금씩 물 위에 띄워 보내며 나물제(祭)를 지내는 그 즐거움이여! 그러나 나는 그렇게 할 줄 몰라 손가락만 씹으며 울듯이 서 있으면 동무들이 대신 제를 지내주던 그 고마움이여!

그 한 번은 무사히 나물을 캐어 시냇가에서 재미스러운 제(祭)놀이를 하려고 남들보다 늦어질까 빨리 버선을 벗으려니 낯모를 한 아이가

"저 애는 기생인가 보다 보선 신고 나물 캐러 갔다 오네."

했다. 나는 얼른 좌우를 돌아보니 아무도 버선을 신지 않았었다. 부끄럽기도 하거니와 기생이란 말이 분하기도 하여 참을 수 없어 그 귀한 나의 불쌍한 나물과 바구니, 호미, 버선 한 짝까지 그대로 내버린 채 해울음[4]쳐 울며 집으로 돌아오고 말았던 그 철없던 일이여! 내 눈에 지금 다시 그 때 그 눈물 고이려하누나!

이 모양 바라보고 놀라 뛰어 나오신 할머니 뜰 가운데서 얼싸안으며

"보리밭에 문둥이가 너 잡으러 오던?"

---

3) 무더기

4) 아주 숨이 넘어 갈 것 같이 크게 우는 울음.

하시고 다시 가지 말라고 달래시던 그 할머니, 지금은 북망산 아래 백골이 되어 누워 계시니 아마 그 무덤 위에 지금 냉이 나물 한 포기쯤 몰래 움터 있으려니.

나는 한숨짓고 어릴 때 내 모양에서 고개를 돌려 창턱에서 일어섰다.

"나도 나물 캐러 가볼까. 오늘이 세 번째로다."

혼자 중얼거리며 들 가운데 나서니 소녀들은 그 옛날 내가 부르던 나비 노래, 제비 노래 대신 〈아 봄이로구나, 봄〉하고 유행가를 부르고

"너, 저 하늘 우에 가보구 싶지 않느냐, 나는 가 보았단다."

하니,

"하하하, 하늘 우에 어떻게 가요."

하고 소녀들은 나를 실없게 보기 미안한 줄까지 알 뿐 아니라 장난으로 돌릴 줄까지 알고 있다. 지금은 소녀들까지 철이 들었구나.

내 나이 벌써 삼십이 다 되었으나 내 마음 홀로 저 소녀들보다 아주 많이 더 철없구나! 그 옛날 내 어리던 그때 그리워라. 양지 바른 밭둑 위에 나물바구니 곁에 놓고 턱 고이고 앉았더니 건넌 언덕 위에 수양버들 가지 사이에 꿈같이 아련한 유록빛이 어려 있구나.

들바람 불어 내 낯을 정답게 치고
여기저기 종달새 소리

석양에 길을 잃고서 외로이 갈 제
아! 어릴 그때 보인다.

나는 그리운 옛 노래 부르며 건너 언덕으로 걸어갔더니 소녀들도 따라왔다. 버들가지 하나 휘어잡고 자세히 들여다보니 아직 겨울 모양 그대로 말라 있는데, 멀리 보인 내 눈에 어인 녹색이 어렸든가, 아마 버들가지 속으로 찾아들려는 것 같다. 돌아온 이 봄빛인가!

이 가지, 저 가지 잡아보려는 발길에 소녀들과 긴 내 치맛자락 감기는지라 '내 얼굴 잠깐 돌려놓고 어여쁜 아가씨 고운 얼굴 바꾸어다가 이 모양을 한 폭 그림 그리고 싶어.' 라고 아무리 속삭여 보았으나 어느 아가씨 고운 얼굴과 바꾸어주리…….

(《조광》, 1937. 4.)

종달새 곡보

「종달새」라는 제목의 수필을 쓰라는 명령을 받자 나는 미소를 금치 못하였었다.

왜냐하면 이 제목으로 글을 쓰기에는 아주 적절한 곳에 살고 있는 나이기 때문이니 편집 씨(編輯氏)가 언제든지 요렇게 나에게 쓰기 쉬운 글만 쓰라고 하면 참 좋겠다고 느꼈던 까닭이었다.

"그까짓 것, 십여 분이면 넉넉 쓸 것이니."

하는 만만한 생각으로 그대로 돌아보지도 않고 다른 일만 하다가 보니 아차! 내일이 기일이로구나, 잠깐 써서 보내자 하고 원고지를 펴놓고 앉으니 창 바로 밖에서 어떻게 종달새들이 요란스럽게 우짖어 젖히는지 그 소리에만 자꾸 주의가 끌려 펜은 한 자도 그려내지 못한 나이다.

비비- 삐삐- 비- 조글조글.

이윽고 원고지를 내려다보니 전판[1] 비 자(字), 삐 자(字), 조 자(字) 글자만 수백 자 순서 없이 늘어 쓰여 있다. 아마 종달새의 노래 소리를 그대로 받아쓴 것인가 보다.

"에라, 집어 치워라. 어떻게 그대로 그려낼 수 있나?"
하고 펜을 후닥닥 집어던지고 잘 할 줄도 모르는 '만돌린'을 내려 안고 창 옆에 가 덜커덕,하고 비스듬히 앉았다.

창밖은 화창한 햇빛에, 야들야들한 보리밭 광야는 아지랑이가 아질아질, 아룡아룡, 고물고물, 눈이 어지럽게 알랑거리고 바람은 남의 목덜미를 가만히 부드러운 나래같이 살짝 스쳐두기도 하고 들판의 이곳 저곳으로 동네 어린 계집애들 나물 캐는 무리가 앉았다 섰다, 버들강아지는 소리 없는 장난을 하고 동네 집 살구꽃은 웃을락 말락……. 이 중에서 종달새는 푸른 공중 높이 높이, 혹은 나지막하게 팔르락 팔르락 나래를 까불어 아가씨처럼 팔락거리며 형형각성(形形各聲)으로

"비비- 쪽조글 쪽조글……."
이라고 야단들이다.

나는 부시는 두 눈을 쪼그려 공중만 노려보며 만돌린의 줄을 골라 '팅' 한 번 올려본 후, 자 한 곡조 울려 볼까 하였으나 이 때 내 심금은 알지 못할 음곡을 울리고 있었다.

"따르-르, 딸알 딸르르."

---

1)온통

내 손가락은 심금에 맞춰 제멋대로 줄을 짚는다. 아무리 박식한 음악가가 듣더라도 알지 못할 내 심금에서 흘러나오는 음곡이다.

"비비- 비, 삐- 삐."

이것은 어린 애기종달새가 노래를 배우는 소리다.

"삐- 삐- 조글조글……."

아마 어른 종달새의 열심히 가르치는 소리인가 한다. 나의 만돌린도 점점 흥에 겨워한다. 나는 작곡가의 작곡의 삼매경을 스스로 느끼며, 줄 없는 거문고를 소리 없이 짚는 것과 대구(對句)가 되어 혼자 즐기며 우짖는 종달새 노래에 반주를 하듯

"따르르 딸알딸르르."

자꾸 긁는다.

'내가 작곡법이나 배웠다면 종달새 곡이나 하나 지었을 것을.' 나는 한탄하며 종달새 우짖는 봄의 야경(野景)을 조금이라도 그럴듯한 묘사를 할 줄 모르는 나의 둔필을 안타까워했다.

새벽자리 속에서부터 저녁 해질 때까지 몸에 배이도록 명랑 그대로의 종달새 노래를 듣고 있는 나인지라 처음 종달새를 쓰라고 명령을 받고 만만하게 생각하던 것과는 반대로 한 마디 미문도 나오지 않는 것이 우습다면 우습다. 그러나 다만

"비- 비- 쪽 조글 조글조글 쪼옥."

이 노래 소리 들으면 내 마음 즐겁고 즐겁기만 하다.

(《여성》, 1937. 6.)

연당蓮塘

농원 한 옆에 칠백 평가량되는 못(池)을 판 것은 재작년 봄이다. 처음 못을 팔 때는 양어를 해볼 작정이었으나 양어를 하려면 못 주위를 많이 수축하여야 되므로 대구까지 가서 여러 가지 재목은 사다 두고도 여가가 없어 차일피일하다가 그대로 버려두게 되었다. 날마다 석양이 되면 아이들과 이 못가에 내려가서 조각배를 띄워 놓고 장난이나 하게 되므로 이 못은 그대로 버려둔 채 그 해가 지났다.

"양어를 하지 않는다면 연이라도 심읍시다."

이 말을 제의한 것은 작년 봄이다. 양어를 하려면 힘이 많이 든다는 말에 별 흥미가 다 달아났는지 여가가 있으면서도 아무도 반대하지 않았었다. 오빠와 H의 성미를 잘 아는 나는

'애를 쓰고 연을 심어 놓으면 또 양어를 한다고 야단을 하지

않을까…….' 하는 의심은 하면서도 좋아라고 당장에 연뿌리를 사다가 심었다. 심은 지 두어 달 후 작년 이른 여름 하루아침에는 새빨간 개구리같이 잘게잘게 잡히는 물결 위에 단 한 개가 동동 떠 있었다. 그 이튿날은 또 두 개가 떠올랐다. 그것이 연잎사귀였던 것이다. 나는 이것을 보고 어떻게 기뻤던지 '옳다. 기막히게 어여쁜 연당을 만들리라.' 고 속삭였다.

그 후는 농원에서 일하는 일꾼들이 쉬는 여가를 타서 남몰래 살짝 불러 가지고 지반을 미화시키려고 노력했다. 높은 언덕에는 벚나무[1]를 심고 평평한 곳에는 칡(藤)도 심고 동편으로 좀 넓은 곳에는 송판으로 간단한 벤치도 만들어 놓고 못의 반중간까지 다리도 놓았다.

저녁을 마치면 농원 식구 전부가 이 못가로 모여들어 한 밤이 깊도록 시원한 바람을 쏘였다.

박 어사(朴文秀), 숙종대왕, 이태조, 또는 홍길동 등 이야기를 끄집어내면 농원지기 일꾼들과 할머니, 어머니는 '유식한 이야기' 라고 무척 기뻐한다. 때로는 H가 만돌린으로 「양산도」나 하면 못가에 사람들은 흥이 나 못 살 지경에 이르는 것이었다.

"자, 오늘 저녁 이야기와 노래 값은 내일 저쪽 못 둑을 조금 고쳐주면 되오."

하면 일꾼들은

---

1) 원전에는 '사꾸라' 로 되어 있다.

"네, 이 못은 우리의 극락인데 고치고말고요."
하며 못 일이라면 기쁘게 거들어 주는 것이었다.

"흥 일꾼들을 저렇게 꼬여 넘기는구나!"
하고 어머니는 돈 들이지 않고 못이 그만치 어울리게 한 내 수단에 고소하는 것이었으나 밤마다 못 가에 노는 재미에 나를 꾸중할 생각은 없는 모양이었다. 처음 양어장[2]을 만들려고 못을 팠던 것은 모두 잊어버린 모양인지 누구든지 '연당'이라고 이 못을 이름 짓게 되었다.

작년 한더위의 날이다. 아무 선문(先聞)도 없이 오빠와 H가 어망을 둘러메고 나섰다. 나는 연당에 고기를 잡아넣어 양어장을 만들지 않으려나, 하는 불안이 갑자기 솟아올라

"고기잡이를 가느니 낮잠이나 자지……."
하고 모르는 척 시치미를 뗐다.

"연당에 고기가 없으면 말이 된담. 붕어도 놀고 학, 두루미도 놀고 해야 참으로 연당이 값이 오르지……."

"어이쿠."
하고 나는 벌떡 일어났다.

"자, 그러지 말고 이 양동이[3] 들고 따라가. 그러면 연당을 양어장으로 만들지 않을 테니."

오빠와 H는 나보다 한 손[4] 위였다. 내 맘 속을 환히 들여다

---

2) 원전에는 '양어지'로 되어 있다.
3) 원전에는 '바께스'로 되어 있다.
4) 한 수

보고 있는데 나는 더 분이 났다. 그러나 좌우간 우선 고기 잡는 재미나 보아놓고 할 판단[5]이라고 생각하고 양동이를 들고 따라 나섰다. 나는 고기 잡는 것을 무척 좋아하는 까닭이다.

헌 고이적삼을 걷어 부치고 대팻밥모자에 수건을 질끈 동여 뒤통수에 떡 붙이고 어망을 둘러메고 신들번들[6] 웃으면서 걸어가는 뒷모양들을 바라보며

'어디 보자, 죽어도 양어는 못하리라!'하는 생각으로 일부러 양동이를 덜거덕거리며 따라가는 것이었다. 오빠와 H는 내가 애타하는 것을 일부러 모르는 척하고 힐끔힐끔 돌아보며 서로 꾹꾹 찔러가며 웃곤하는 것이었다.

그러므로 강가에 가도 나는 고기 잡는 재미는 간 데 없고 도리어 고기가 잡힐까봐 방정만 떠는 것이었다. 그러면 H는 수건으로 나의 두 손을 매어 강가 버드나무 둥치에 매어두고 어망을 치는 것이었다. 그 뿐이 아니라 미운 강아지 바람마지[7]에 앉아 똥 눈다는 격으로 집에 돌아올 때는 다른 어부들에게 고기를 더 사 보태 가지고 오는 것이었다. 그러면 나는 양동이를 들고 달려와서는 부엌으로 숨어 버리면 오빠는 밖에서 을러대고 기운 센 H는 달려와서 양동이를 빼앗아 못으로 달아나는 것이었다. 나는 뒤미처 따르다가 못해 그대로 주저앉아 소리를 질러 우는 형용을 하는 것이었다.

5) 원전에는 '단판'으로 되어 있다.

6) 싱글벙글

7) 바람맞이

금년에도 여름이 오니 나의 사랑하는 연당에는 연잎사귀가 가득 떠올랐다. 나는 작년 일이 생각나서 남모르게 낚싯대를 사다가 서투른 솜씨로 연잎 사이로 사라져 가는 물결 위에 던졌다. 물론 나의 낚시 끝에 물려 오를 멍텅이[8] 고기는 한 마리도 없었다. 이러는 중에

"남의 고기는 왜 낚아? 여자는 본래 낚시질하는 것이 아니야."

하고 그만 이 낚싯대도 빼앗아 가고 말았다.

"하늘이 무너져도 이것은 내 연당이라오. 얼마나 애써 만든 것이라고……."

하며 금년에 또 시달릴 것을 생각하며 미소하였다. 그러나 밤이 되면 금년도 역시 우리 농원 식구에게는 이 못 가가 유일의 낙경(樂境)이 되는 것이었다.

나는 일꾼들에게 들려줄 이야깃거리를 생각하며 연잎사귀를 스쳐오는 귀염성스런 바람줄기를 옷 속으로 잡아넣고 찰싹, 하고 뛰어오르는 고기 소리를 들었다. 오빠와 H는 금년에도 의연히 이 못을 '연당'이라고 부르는 것이 '양어장 될 날은 아직 멀었다' 하는 느낌을 주어 혼자 기뻐하는 것이다.

(《신가정》, 1934. 7.)

8) 멍청이

녹음하綠陰下

어젯밤 비는 초록색 비
산에도 들에도
초록물 들였네.
우리 집 유리창에도
초록색 들였네.
그래도
비야 비야 초록색 비야
우리 꽃밭에 장미꽃은
왜 초록색 못 들였니.[1]
희고 붉게 웃고 있단다.

---

1) 원전에는 '들였네'로 되어 있다.

이 동요는 지난 해 첫 여름에, 그때 보통학교 육 년생인 열두 살 먹은 나의 조카가 방안에서 유리창으로 뜰을 내다보며 직경을 그려낸 것이다.

이즈음 거의 지루함을 느낄 만하던 비가 개인 아침 종이창문을 걷어 젖힌 유리창으로 선명한 햇빛과 함께 녹색 공기가 풍겨 들었다. 벌떡 일어나 내다보니 산과 들과 나무 빛깔이 놀랄 만치 짙어져 있었다. 나는 문득 이 동요가 생각나며 가만히 읊어 보았다. 이 동요의 작자인 내 조카는 올해 열세 살로서 서울 ×××여고의 여학생이 되어 거의 날마다 사진이라도 보내 달라고 향수병[2]에 우는 편지를 보내고 있다. 그의 이름이 장미라 날마다

"장미, 장미, 백장미.[3]

라고 놀려대기는 하면서도 꽃밭의 장미나무에게는

"우리 장미, 우리 장미."

하며 비료와 물을 다른 나무보다 많이 주고 귀애하여 붉은 것, 흰 것, 분홍 등 각색의 장미꽃이 늦은 봄부터 이른 겨울까지 계속하여 많이 피고 있다. 내 조카인 장미도 꽃밭의 장미에게 못지않게 아름다운 정서를 가져서 가끔 고운 동요를 곧 그려내었다.

과연 요즈음에 오는 비는 초록색 비인지 한 번씩 오고 나면 창밖에 녹색이 짙어져 간다. 나는 갑자기 가슴이 재리해지며[4]

---

2) 원전에는 '홈식크'로 되어 있다.

3) 원전에는 'バラ, バラ, シロバラ'로 되어 있다.

4) 저릿해지다.

장미꽃밭과 푸른 들판이 둘러 있는 고향집이 그리워 어린 가슴에 눈물짓는 귀여운 그 얼굴이 무척, 무척 간절했다.

이 해 첫 봄에도 조카가 서울서 시험을 치르고 들리러 왔을 때, 나는 그를 데리고 들판으로 걸어다니며 그에게 순박한 정서를 길러주고 즐거운 추억이 됨직한 냉이 나물을 캐며 온갖 재미있는 이야기도 하고 노래도 부르며 놀았었다.

그가 상경한 후에 나는 그의 어린 얼굴이 간절히 보고 싶어 들판으로 헤매며 '떡' 을 즐기는 그를 위하여 '쑥' 을 캤다.

지금은 거의 큰 바구니로 하나 가득하여 이것을 정하게 말려 두었다가 여름방학이 돌아오면 맛있는 쑥떡을 만들어주려 한다.

그리고 채전밭에 심어둔 여름에 먹는 옥수수도 자주자주 물을 준다. 이제 겨우 두세 치씩 잎사귀가 터져 올랐을 뿐이나 이것이 얼른 커서 옥수수가 열게 되면 장미가 그리워하는 이 집으로 돌아올 때이다. 나는 달과 날이 얼른 가주기를 기다리느니보다 옥수수가 얼른 커지기만 고대하여 자박자박 물을 주며 들여다본다. 이 옥수수가 더디 크면 그만치 우리 장미도 더디 올 것만 같아서.

나는 이제 벌써 장미를 위하여 그가 즐기는 쑥떡 만들 준비와 옥수수, 참외, 수박 등이 얼른 커지고 열매를 맺도록 자박자박 물을 주고 있다. 씨를 뿌리고 비료를 넣고 물을 주고 하는 이 동안 나는 이 열매들을 먹을 때의 가지각색 재미스럽고 즐거울 온갖 일을 상상하며 혼자 웃고 혼자 그리워 눈물짓기도 한다.

그리고 나뭇가지가 푸른 그늘을 지어 주는 창 앞에다 재봉

틀[5]을 갖다놓고 여름에 그에게 잘 어울리는 간단한 옷을 지으려 한다. 벌써부터 옷감의 색깔과 무늬와 '스타일' 등을 그려보며 이 옷을 입은 때, 그의 귀여운 온갖 동작과 표정들을 눈앞 가득 환상한다. 이러한 때는 내일 곧 장미가 돌아오는 듯한 착각도 가끔 일으킨다.

그러나 한 가지 마음에 꺼림[6]한 것이 있다. 동네 초동(樵童)들이 나뭇짐 위에다 우리 집 창을 열면 안개를 점령하는 저 뒷산에서 진달래꽃을 꺾어 얹어 가는 것을 볼 때마다 내 맘에 걸리는 것이 있다. 장미가 벌써 몇 해 전부터 뒷산에 진달래 구경 가자고 집안에서 제일 만만한 나에게 조르고 조르는 것을 온갖 핑계로 가주지 않았더니 올 봄에 상경하며

"아주머니도 인제는 진달래 구경 영 틀렸지!"

하며 실망하였었다. 나는 저윽히[7] 마음에 후회되어 금년은 몇 번이나 갈 기회가 있어도 가지 않고 그가 졸업하는 해 봄에나! 하고 넘겨 버렸다. 올해도 진달래는 벌써 다 떨어졌다. 나는 그와 함께 진달래꽃 구경 갈 때를 어느 때까지라도 기다려 나 혼자 가지 않으려 한다. 마음에 걸리면서도 이렇게 스스로 위로하기는 한다. 이것도 모든 것은 기다리고 바라는 때가 가장 즐겁다는 것 중에 하나로 하여 둘까.

(《조광》, 1937. 6.)

5) 원전에는 '재봉침'으로 되어 있다.
6) 께름칙
7) 적이

납량 이제二題

1

澗水藤蘿千葉際 간수등라천엽제[1)]

樹長風雨百年間 수장풍우백년간

이라는 한시구(漢詩句)는 뒷방에서 목청 빼가며 글 읽을 때, 나이는 열두어 살되던 그 때에 담뱃대 물고 것덕것덕[2)] 졸기 잘하던 노선생에게서 얻어들은 것이었다. 그때 배우기는 꽤 숱하게 배우는 척은 했었지만 지금 간간이 그때 책들을 펴 보

---

1) 澗水藤蘿千葉際　시냇가 등나무 무수한 잎새 사이
樹長風雨百年間　나무는 오랜 세월 비바람 속에 자랐구나.
작자와 제목을 몰라 시 전체를 확인할 수 없어 정확한 번역이 이루어졌다고는 장담하기 어렵다.

2) ㄲ덕ㄲ덕

아도 네 언제 배웠더냐 하고 모조리 초면 같다.

앵무새 말 배우듯, 맹인 단청 구경하듯 입으로 줄줄 외우기만 하면 뜻이야 알든 모르든 관계없었던 것이었다. 그러나 이상한 것은 이따금 어쩌다가 한 마디씩 잊지 않고 정답게 왜 그때 언제 나를 배우지 않았니? 하고 기억 위에 나타나 줄 때가 있는 것이다.

연전에도 이른 더위 어느 날 노소를 섞어 가정 부녀 몇 사람들과 팔공산에 있는 약수를 찾아갔다가, 그곳의 산수경개 하도 좋아 좁은 가슴이 감흥에 못 이겨 깨어질 것 같았는데 이 시가 문득 생각났었다.

만고강산 유람할 제
죽장 짚고 망혜[3] 신어라

하고 여인들은 제각기 한 마디씩 소리를 내놓았다. 얌전스런 여염집 부녀들이라도 소리 한 곡조 모르는 이가 별로 없는 모양이었다.

아무 소리도 모르는 이는 둥실둥실 춤을 추고, 또 이도저도 다 모르는 이는 '좋다', 하고 '타' 자 한 자만을 음악적 고성으로 하여 제각기 흥을 푼다.

그때 비로소 처음 느낀 바는 아니었지마는 사람이란 괴상스

3) 미투리, 망혜(芒鞋)는 마혜(麻鞋)의 잘못된 말,

런 동물이라, 좋은 경개를 보면 왜 자꾸 소리를 지르고 슬픈 것인지, 절승경개(絶勝景槪)를 대하여 묵묵히 입 다물고 있지는 못하는 것 같았다. 만일 꼼꼼히 냠냠하고 있는 사람이 있다면 비록 여자라 하더라도, 아무리 제가 제라도

"에, 아모 짝에도 못 쓰는 뺑, 뺑덕"

이라는 것이다.

사람이란 체면상으로라도 좋은 경개를 대하여 한 마디 찬사가 없을 수 없고, 또 일어나는 감흥을 한 곡조로나마 풀어내지 않고는 못할 것이다.

그래서 여럿은 제각기 박록주(朴綠珠)도 되고, 이동백(李東佰)도 되어 세고(世苦)와 염열(炎熱)을 활짝 벗겨주는 그 시원스런 풍경 속에서 각자를 잊고

"이런 경치가 또 있나! 좋다!"

라고 쪼들리는 인생들이 대자연 앞에서 비로소 해방을 맞은 듯이 즐거워라고 야단들이었다.

이 판 속에서 부끄럽고도 기막히게 나는 그렇게 흔해빠진 '아리랑 흥흥흥' 도 하나 내놓을 수 없는 쫄딱 무식 멍텅이였지마는 가슴에 감흥만은 남들같이 푹푹 솟아나와 어쩔 길이 없었다. 그래서 되는 대로 목구멍을 뒤져대니까 천만 의외에 미리 생각해 보지도 않았고, 한 번 들은 이후 되풀이도 해본 적이 없는 이 시구가 툭 튀어 나왔던 것이다.

"이곳에 오니 부채도 소용없다. 부서지려거든 부서지렴."

하고 손에 쥐었던 부채로 솔 둥치를 두들겨서 장단을 삼고

"간수(澗水)는은 등라(藤蘿)아아. 아."

제법 무엇같이 수렴 떨며 발바닥 두들기고 "으어 어"하고 시 읊조리는 노선생의 그 본 그대로 고래고래 소리를 높여 읊조려 던졌다.

제가 무슨 유식 자랑이나 하려고 한시를 척 내놓은 것은 결코 아님을 알아줌인지 뜻이야 알았든 몰랐든지 간에 여럿은 "좋다!"를 연발하며 장단을 운치 있게 맞추었다.

그때 얼른 생각해 보니 어찌된 심판이든 간에 그 답답하던 때 생광스럽게도 잊어버리지 않고 목구멍에 떠올라 와 준 그 시가 고맙고도 감사하였다. 그뿐 아니라, 더 다행은 그 시가 그날 경치에 딱 들어맞는 것이었으므로 새삼스럽게

"맹인 단청 구경도 영 허사가 아니로다."

라는 느낌이 생겨났다.

맑은 물은 개골 풀 잎사귀 사이 사이로 옥을 굴리며 진주를 띄우며 흘러 흘러내리고, 구부러진 늙은 장송은 만 리 저쪽 소식을 알려는 듯 서늘한 바람결을 잡고 흔들거리고 푸른 풀, 축여진 흙은 유향(幽香)을 떨쳐 사람에게 신선의 맛을 알려주며, 그 위에 또 새까지 노래하여 일운(一韻)을 돋우니

若使良工模此景 약사양공모차경[4)]
其於林下鳥聲何 기어림하조성하

---

4) 一步二步三步立　한 걸음 두 걸음 세 걸음 걷다 서니
山靑石白間間花　산 푸르고 돌은 희고 사이사이 꽃이로다.
若使良工模此景　만약 화가에게 이 경치를 그리게 한다면

라는 옛 생각이 또 하나 떠오르며, 새 소리야 '토끼'에게 부탁하지마는 이 향내는 어찌할까…… 하는 즉흥이 없을 수 없었다.

그런데 작년 가을 ×신문 부록으로 붙어 온 「추 이제(秋二題)」란 그림을 보았던 그 때, 또 「간수등라천엽제(澗水藤蘿千葉際)」라는 시가 생각났다. 기억에 남은 것이 이 시 하나뿐인지 풍경을 대하면 이 시가 나오니 나의 무식이 새삼스럽게 느껴지지 않는 바는 아니나, 「추 이제」 중 '추(萩)'라는 그림은 맑은 공기 서늘한 산 그림자에 담뿍 한 포기 싸리나무를 근경으로 그린 것인데, 그 동글갸숨한 잎사귀, 잎사귀 사이로 미풍이 살랑거리고 있는 듯한 그 산뜻하고 살랑살랑한 맛이 간수등라천엽제의 경(景)을 연상케 하였던 것이었다.

또 한 장은 '홍엽(紅葉)'이란 제(題)의 그림으로서 수목이 울울한 산중심곡에 붉은 물이 방금 들려는 황록의 간색(間色)인 수목의 천 겹 만 겹 엉킨 잎사귀는 심곡 깊은 곳까지 와욱하게 보이며, 근경에 홍엽 몇 가지가 이리저리 내밀어 나무 아래 우거진 풀들 사이에 암청으로 흐르는 물 위에 뻗쳐 있는데, 그 심유한 맛이 '수장풍우백년간(樹長風雨百年間)'이라는 바깥짝과 한데 붙는 그림과 같이 느껴지며 맘에 들었었다.

왜 그런지 '추(萩)' 그림과 시의 안짝이 불경하고 죄송하나

其於林下鳥聲何 수풀 속 새소리는 어떻게 그리려나?

이 시는 일반적으로 조선 후기의 방랑시인 김삿갓(김병연, 1807~1863)의 시로 전해지고 있으나 보다 면밀한 검증이 필요할 것으로 생각된다. 백신애가 사용한 이 시에는 '畵工'이 '良工'으로 되어 있는데, 양공은 뛰어난 장인바치, 여기서는 뛰어난 화가를 일컫는다.

맘에 탐스럽지 않게 여겨졌다. 마치 담력은 없으면서도 두뇌만 영리하며, 살살 눈앞이나 수습하려 하고, 이기적이고, 까불거리고, 자칫하면 팍 솟아지고, 까딱하면 착 돌아가는 소부르주아적 '모던' 젊은이들의 취미에나 들어맞을 것 같다고 생각되었던 까닭이다.

그러나 두 그림 중에서 '추(萩)'를 취할 사람은 없을 거야, 라고 나는 제 주관만 만족하고 두 그림을 벽에 붙였다. 그 후 어느 때 한 동무에게 시험적으로 물어봤다. 나는 그 때 동무의 눈을 내 눈으로 믿었음인지 미리 그의 대답을 속으로 예측해 맞힌 후

"만일 이 그림을 더 큰 조희[5]에다 그린다면 이 수림 위에 고령(高嶺)이 솟고 그 위에 유유(悠悠)한 백운이 걸려있게 할 거야. 사람이 이런 풍경 속에 있으면 나 같은 소인이라도 좀 커질 것이며, 진정한 용기와 침착한 지혜도 생겨나며 단련될 거야."

하고 한껏 홍엽화를 올려 세우는 중인데 그 동무 입이 삐죽하며,

"아이, 이 그림은 산뜻한 맛이 없구려. 나는 추(萩)가 명랑하고 산들산들한 맛이 있어 맘에 드는데, 저런 무늬로 여름치마 해 입었으면……."

하고 나의 입을 딱 들어붙게 하였다.

---

5) 종이

"에, 취미도 천박하다."

나는 비위가 틀어졌다.

"그러면 이 음울하고 명랑하지 못한 홍엽화가 좋단 말인가? 현대인은 좌우간 명랑이 제일이야."

그는 나를 조롱한다.

"글쎄 높은 산이 있으니까 깊은 골이 있는 것이니, 세상이 모다 꼭 한 가지, 한 모양 뿐이라면 우스울 걸……."

나는 이렇게 간신히 자위하며 입을 닫아 버렸다.

2

벌써 몇 해 전 일이다. 아주 더운 여름 사십 일 동안이나 비가 오지 않아서 콩 볶듯 사람이 타닥타닥 볶일 것 같이 덥던 여름날이었다.

잠시 더움을 잊고자 새로 지은 백색 옷을 산뜻하게 갈아입고 동무와 같이 늘 다니는 식당에 갔었다. 이 식당에는 여름이면 커다란 빙주(氷柱)를 해 세워두므로 우리들은 이 기둥 곁에 사람이 없는 틈을 타서 스윽 들어갔다. 머리카락 사이가 오싹해지고 말라붙어 뜨거운 숨만 나오던 목구멍이 갑자기 축여지며 시원해졌다. 식탁을 덮은 하얀 클로스, 일륜압(一輪押) 꽃병들은 눈에 양미(凉味)[6]를 돋우며 몹시 상쾌하였다.

"애, 여름에는 흰 것보다, 옥색이 더 시원해 보이더라. 이

---

6) 서늘함

식탁 클로스도 옥색이면……."

하고 나는 비록 백색 옷을 입었을망정 옥색 예찬을 하였다. 공교롭게도 옥색 드레스를 입은 동무는 자기를 비꼬려고 하는 줄 알고 벌컥 용심을 내었다.

"왜? 옥색이 좋으면 어떻단 말이냐, 네 옷도 옥색 칠을 해 줄까보다."

싱겁고 장난 잘 하기는 피차 밑지지 않는 사이였으므로 행여나 하는 생각에 잠잠하였더니 그는 자꾸 티를 뜯기 시작하였다.

"더울 때는 뜨거운 것을 마셔야 덜 더워."

하며 그는 뜨거운 커피를 주문하였다. 나는 밀크셰이크를 주문하고 있는 판인데 급사가 주문한 것을 가져오니까 그는 덜렁 밀크셰이크를 들고 가버린다. 나는 사람들이 보는 식당에서 싸움도 못 하겠고 그대로 꿀꺽 참으며 뜨거운 커피를 앞에 놓았다.

"어디 보자."

나는 기껏 동무를 흘겨주고 다시 밀크셰이크를 더 주문하였다.

"넌 참 우습더라. 시켜서 먹으려거든 아예 당초에 찬 것을 청하지……."

하고 시치미를 뗐다.

"너 그러면 이 커피를 죄다 네 옷에 들어부을 테야."

나는 분이 나서 을러대니까, 그는 덜렁 커피 잔을 들고

"오, 더울 때는 냉수욕보다 뜨거운 물로 해야 되는 거야. 나는 지금 목욕을 해서 그만둘 테다. 너나 시켜 줄까."

하며 나에게 뿌릴 형용을 하였다.

"오냐. 뿌리려거든 뿌려 보아라."

나도 기가 나서 덤벼들었다.

"정말이야? 사정없다."

"그래, 뿌려라 보자."

이럴 때 내 편에서 뿌리라고 덤벼들면 들수록 상대편이 슬슬 뒷걸음치는 것이 보통인 터이라, 나는 그의 진검한 표정에 호기심이 바싹 일어나서

"네까짓 것이 못 붓기만 해 바라."

하고 치마를 치켜들었다.

"그까짓 것을 못 부어."

그는 나의 가슴을 향하여 활짝 커피를 쏟아부었다. 그리고는 태연스럽게 씩 웃으며 나를 바라보았다. 나는 그 순간 뜨거운 것도, 새 옷을 죄다 버린 것도 생각나지 않고 그저 놀랐었다.

'칼을 들고 찌르려는데 피해 달아나는 사람보다, 찔러라 하고 배를 내미는 사람이 더 비겁한 것이다.' 라는 이야기가 생각나서 스스로 부어라고 덤벼들던 나의 비겁함이 부끄러워져서 행여나 동무가 불쾌하게 느낄까 하여 나도 태연하게 있었다. 뜨겁던 것도 일순간뿐 커피가 새어든 가슴과 배에는 얼음 공기가 품겨서 뱀이 안긴 듯 차가웠다.

"나는 충실한 너의 동무니까, 부으라는 그 원을 안 들어 줄 수야 있나, 고맙단 말은 말어라."

그는 예사였다.

"흐흥, 하이칼라 같은 수작 말어라."

하고 서로 웃고 말았었다.

좌우간 야금야금 생각만 하다 마는 것이 아니고, 할까 하는 생각이 들면 덜컥 무턱대고 해놓고 보는 그러한 용단성이 있어야 진취가 있는 것이며, 인생이란 모든 것이 다 모험이니까 그는 반드시 나에게 가르침이 될 좋은 동무다, 라고 생각되었다.

그 후 어느 때 그는 나에게,

"얘, 너같이 미련한 인간은 다시는 없을 거야. 보통 사람이면 갓 갈아입은 옷이 그만치 버려지면 벌떡 일어나 피하든지, 수건으로 닦으려고나 해보든지, 얼른 집에 가서 빨기라도 할 것인데, 너는 마치 남의 옷을 버린 것 같이 한 번 내려다보지도 않고 어느 때까지 그대로 입고 있으니까 말이다. 내가 못 이겼다. 항복한다. 대단히 미안일세."

하였다.

그 말에 나는 이 동무도 별일 없는 평범한 인간에 불과 하구나 하는 실망이 들었다. 나는 동무가 커피를 붓고도 속까지 태연해 주었으면 싶었던 까닭이다.

지금 생각하면 그 때 나라는 인간도 웬만히 이단에 가까웠던 것임을 알겠다.

(《조선문단》, 1936. 7.)

추성전문秋聲前聞[1)]

우리 집 뜰은 즉 정원은 너무나 살풍경이고 무기교하게 작다. 그러나 가지에 매달린 능금[2)]의 한쪽 뺨을 곱게 비춰주는 석양이 서산 저쪽으로 기울어가면 야원(野原)과 뜰을 경계하여 둔 집 주위의 철조망이 보이지 않게 되므로 멀리 보이는 저 산 밑까지 광야는 대규모의 광대한 정원으로 변해진다.

집안 식구들은 이 광대한 정원에 흩어져 누워서 밤마다 은하수를 쳐다보고 가을, 특히 추수하는 가을의 발자취를 들으려 한다. 누우면 은하수가 입술 위에 있게 되어야 이 해의 햇밥을 먹게 된다는 노인의 말을 나는 어릴 때부터 들어 잘 알

---

1) 가을 소리를 가을에 앞서 듣는다.

2) 원전에는 '임금(林檎)'으로 되어 있다.

고 있다.

춘하추동 어느 시절이고 가려 좋다고 생각하는 내가 아니면서도 여름이 절반이나 되어 오면 가을 오기를 재촉한다. 하루 세 홉이면 족하고 남음이 있을 밥이거늘 온 들을 덮은 황금 파도와 나락 향(稻香)을 사정없이 베어 눕히는 농부의 날랜 낫자루가 번득이는 가을이 무엇이 그리 반가우랴?

만산홍엽과 춘야만화(春野萬花)가 모두 그 운명이 시름없거니와 단주난연(丹朱爛然)한 가을의 굉장함은 더욱 사람들의 가슴에 조락(凋落)의 비가를 흘려보내나니, 명랑함을 좋아하는 나에게 조락의 비가를 반가워할 리가 없는 것이다.

그러나 웬일일까. 밤이 되면 이 들 가운데 누워서 입으로 은하수를 겨누며 가을을 기다리고 좀처럼 입술 위로 옮겨오지 않는 은하수의 느린 걸음을 재촉하며 한탄하는가.

뽀얗게 마를 흙 땀, 동리에 흰옷 떼들이 억센 보리밥에 시달린 창자로 얼마나 추수하는 가을을 기다리느냐.

봄과 함께 개방하였던 내 혼의 곡간(穀間)도 여름동안 흘린 땀과 함께 다 텅 비어졌으니 명상과 반성의 가을이 와서 내 혼의 곡간도 채워야 하겠다.

푸른 산기슭에서 한가히 우는 황소의 울음이 살찐 이삭을 가득 싣고자 재촉하노니, 굶주린 흰옷의 무리를 위하여 텅 빈 내 혼의 곡간을 위하여 추수와 반성의 가을이여 어서 오소서……. 가을을 반기지 않는 병적인 나의 착각은 멸시하소서.

가을의 유창한 소리가 들리는 시월이 앞으로도 며칠이나 남은 오늘 반기지 않으면서도 기다리는 가을의 한 폭을 보았다.

가을이 오기도 전에 본 가을의 한 귀퉁이…….

나 어릴 때 한시를 가르쳐주고 『소학』, 『맹자』를 가르쳐 주시던 얼금얼금 반 곰보의 아저씨. 마음씨 좋고 키 크고 이야기 잘 하고 잘 웃기고 술 잘 먹고 나 업고 복숭아 따 주시던 행복하고 호걸인 아저씨. 그 아저씨가 오늘 두어 잔 술로써 온 얼굴에 단풍물을 들이고 그림자같이 우연히 나타났다. 아저씨를 못 본지가 벌써 십유여 년이나 되었으니 그동안 겪은 고난풍파가 어떠했다는 것은 첫눈에 대강은 짐작해졌다. 사랑하는 아들과 아내를 죽음이 빼앗아가고 지금은 때 묻고 떨어진 헌 옷과 설움만을 가슴에 안은 아저씨로 변해졌다.

이 아저씨의 정상(情狀)이 가엾다고 남편이 자기 옷 한 벌을 갈아 입혔더니 아저씨는 때 묻은 헌 옷을 뭉쳐 뜰에 던지고 곁에 있는 붓을 들어

弊衣滿垢如金甲 폐의만구여금갑
無屋無牆是鐵城 무옥무장시철성

이라고 썼다. 그리고 그는 창황히 일어서려다가 남편과 나를 바라보며 또 한 구를 썼다.

碧間相呼牛母子 벽간상호우모자
花爛同宿燕夫妻 화란동숙연부처

아저씨는 붓을 슬며시 놓으며

"고생하느라고 글조차 잊어바렸구나. 떨어진 옷에 때가 차니 갑옷과 같고, 집도 없고 담장도 없으니 철성을 한 것이나 마찬가지라 편하기는 해. 그러나 오양깐[3]에 어미 소와 송아지가 서로 부르는 소리를 듣고 연자의 정다움을 볼 때 네 이모 생각과 죽은 놈 생각이 난단 말이야."

하고는 울음보다 더 따가운 웃음을 한 번 웃고는 표연히 가버렸다.

아저씨의 죽은 아내는 나의 이모였다.

(《중앙》, 1934. 10.)

---

3) 외양간

백합 화단

한적한 농촌 전후좌우가 모두 광야이다. 인가가 먼 광야의 외딴집. 이 집 현관 양편에다 원형으로 만든 두 개의 화단, 이 화단에다가 내가 가장 사랑하는 꽃 흰백합을 심는 것은 봄이 오면 나에게 가장 즐거운 일의 하나가 되게 한다.

많고도 많은 꽃들 중에서 구태여 재미없이 생긴 꽃 백합이리요마는 별 기교도, 별 묘미도 없게 생긴 그 고아한 자태가 나는 말할 수 없이 좋다는 것이다. 그러므로 꽃이라면 백합이요 백합 이외의 꽃은 모두 무시하는 나이다. 바라보면 바라볼수록 그윽하고 깊은 아름다움이야 '로댕'이 아닌 나로서도 '저 꽃의 순수를 어떻게 묘사하리요' 하는 예술가적 명언을 하게 하는 것이다.

백합화에 대한 나의 욕심을 말한다면 맑은 계곡 물이 흐르는 심산유곡에 일헌옥(一軒屋)을 짓고 온 산골에 흰 백합을 심어 고아하고 청초한 그 자태를 바라보며 조용히 뿜어 보내는 그윽한 그 향내가 온 몸뚱이에 배어 넘치도록 만끽하고 싶은 것이다. 그러나 이 욕심은 봄날 따뜻한 볕에 나른해진 나의 턱없는 환상에 불과한 것이다. 원하건대 단 한 포기 백합이나마 평생 끊임없이 길러보고 싶을 뿐이다.

어느 때부터 이렇게도 백합을 좋아하게 되었는지는 나로서도 기억치 못할 어리고 어린 그 때부터이다. 보통학교에 다닐 때 자유 선제(選題)로 그림을 그리라든지 철방(綴方)[1]을 하라면 반드시 백합을 그리는 것이었다. 이것도 한 번 두 번이 아니었으므로 선생은 몇 번이나 주의시켜 주시던 것이 생각난다. 커서도 늘 변함없이 백합화를 좋아하여 그 어느 때 중국 영화 '퍼스트 씬'에 무척 보기 좋은 백합이 나타나자 시커먼 악마의 손이 내려와서 그 보기 좋은 백합을 움켜쥐고 마는 것을 본 순간에 나는 내 자신이 그 무서운 손톱에 찢긴 것같이 '악' 소리를 치고 말았다. 곁에 사람들이 모두 돌아보므로 무척 부끄러웠던 일도 생각난다.

내가 동경에 있을 때 은좌(銀座)로 물건을 사러 갔다가 자생당(資生堂) 꽃가게에서 아주 잘 핀 백합 화분 하나를 쇼 윈도우에 내놓은 것을 보았다. 그만 두 발바닥이 그 쇼 윈도우 앞

---

1) 작문

에 딱 들어붙어 떨어지지가 않았다. 한 손을 포켓에 넣어 지갑 속을 샅샅이 헤아려 보았으나 화분 옆에 써 놓은 '정가 3원야' 를 맞추어 낼 수가 없었다. 배고픈 거지가 맛있는 음식을 바라보듯 3원이란 돈이 들어있지 않은 내 지갑을 빡빡 찢어버리고 싶었다. 그 이튿날 학교에서 돌아오는 길에 일부러 멀리 은좌를 들러 한 번 더 그 꽃을 구경하려 하였으나 그 때는 벌써 그 아름다운 백합은 쇼 윈도우에서 사라지고 말았다. 나는 패군지졸 같이 몹시 쓸쓸하였다.

다행히도 몇 년 전부터 이 넓은 농촌에 살게 되자 내 마음은 끝없이 기뻤던 것이다. 뜰이 넓고 빈 땅이 많으니 내가 좋아하는 그 백합을 원 없이 많이 가꾸어 볼 수가 있게 됨이다. 지난 해 봄에 주문하여 온 백합의 구근은 그리 많지 않았으므로 겨우 현관 양편 둥근 화단에 독점을 시키고 다른 빈 곳에는 코스모스만을 심었다. 코스모스를 심은 뜻은 백합이 필 때 다른 잡꽃이 같이 피는 것을 싫어한 것이다. 금년에는 코스모스 대신으로 국화를 심으리라고 생각한다. 국화가 아름다워 심으려는 것이 아니라 좋은 모종을 돈들이지 않고 얻을 수가 있으므로 빈 데에 심으려는 것이다. 빈터를 그대로 두면 볼 때마다 백합을 더 심고 싶어지는 까닭이니 백합을 더 심으려 해도 돈이 드는 까닭에 부득이한 수단이다. 이뿐 아니라 잎을 보는 식물로서는 내가 좋아하는 식물이 많으나 화단에 쓸 돈이라면 단 일 전이라도 백합을 위하여 쓰고 싶다. 작년 가을에 백합 구근을 파내어 따뜻한 지하실에 묻어 두고 여가만 있으면 지하실에 들어가 본다. 행여나 얼어 죽지나 않을까 하여. 그러나 염려한 탓인지 한 개도 상하지 않았었다. 어저께는 날씨도 몹시 따뜻하므로 올해의 화단을 만들 생각이 솟아났다.

아침을 마치고 괭이와 호미로 단단해진 화단을 갈기 시작했다. 작년에는 멋모르고 비료를 너무 많이 넣었으므로 금년에는 유박만을 넣기로 하여 등에 축축이 난 땀을 말릴 생각도 하지 않고 정오가 될 때까지 화단을 전부 정리했다. 잇달아 지하실에서 구근을 파내어 한 개씩 검사한 후 땅을 파고 심으려 했다.

한 개 또 한 개 심어갈 때 내 코 끝에다 고아한 백합의 향내가 무르녹아 퍼지고 이 구근에서 한 치 두 치 커 올라 그렇게 아름다운 나의 백합이 필 것을 생각하며 부드러운 바람이 이마의 땀을 씻어주는 것도 모르고 잔등에서는 한결같이 촉촉하게 땀이 새어 나왔다.

이번에는 너무 드물게 심은 탓인지 화단에 다 심고도 세 개가 남았다. 나는 이 세 개의 구근을 심을 곳을 찾아 이리저리 둘러보았다. 둘러보면 볼수록 심사가 났다. 저 빈 땅에 모두 백합을 심지 못하는 것이 안타까웠음이다. 이윽히 여기 심을까 저기 심을까 하고 생각다가 갑자기 무척 배가 고픈 것이 생각났다.

"에이 고라 사!"

나는 세 개의 귀중한 나의 백합 구근을 광야를 향해 팔매질쳤다.

광야에는 보리 모종이 내 시선이 끝 가는 곳까지 시원스러울 만치도 넓게 넓게 파릇파릇해 있었다.

“아아! 저것이 모두 백합 같았으면!”

나는 괭이를 집어 이때까지 모든 정성을 다하여 심은 화단을 힘껏 내리 파헤쳤다.

“저 애가 미쳤나? 왜 또 파 재쳐?”

어머니의 목소리다.

“꽃은 심어 무엇해. 요까짓 조그만 데다가 인제는 죄다 보리를 심을 테야.”

“보리?”

나는 대답도 하지 않고 집안으로 튀어 들어왔다. 넓은 보리밭들에 비하여 너무나 작은 나의 화단이었다. 그 조그마한 화단을 위하여 반나절을 넘게 꼬물꼬물한 환상에 잠겨 있었던 것이 너무나 속세적이었음이 가소로웠던 것이다.

(《중앙》, 1934. 4.)

초화

꽃은 누구든지 사랑하는 바이다.

그러나 나는 꽃보다도 수목을 사랑한다. 아니 꽃을 그다지 사랑하지 않는다. 내 성격이 조야(粗野)한 까닭인지는 모르나 봄에 벚나무 구경을 가서나 또는 갖은 기교를 다한 꽃밭 속에 있어서는 그저 참 아름답구나!하는 평범한 생각 밖에 할 줄 모른다.

그리고 남의 집에 놀러 가서도 꽃을 아름답게 심어 둔 것은 그저 예사로 보지마는 커다란 나무가 한 개 쯤이라도 서 있으면 아주 마음이 즐겁다.

그러므로 나는 간혹 꽃밭을 만들어 본 때가 있기는 하나 그것은 내 마음을 즐겁게 하려는 것도 또는 내가 사랑하기 때문에 하는 것도 아니었다. 단지 남의 눈을 위해서 정원을 장식하는 데 불과하였다. 더구나 화분에 심은 꽃은 내 스스로 기르는 것은 물론이요 남의 것이라도 들여다보고 싶지 않다.

그러나 나도 어리고 철없던 그 어느 때는 푸른 심산유곡을 찾아다니며 그곳에 고개 숙이고 아담스레 피어 있는 향기롭고 고아(高雅)한 흰 백합화를 찾아보려고 갖은 모험을 다한 적도 있었다. 그리고 사람들의 발길에 밟힐까봐 잎사귀 속에 숨으려고 애쓰면서라도 방긋이 피어 있는 길가의 꽃들을 가엾다고 집 뜰 안으로 옮겨 심느라고 해 지는 줄 모른 적도 있었다. 또는 인생의 진리란 무엇인가를 회의하여 세상 사람들이 버러지 같이 보이던 때는 공연히 푸른 꽃도 있는가, 하는 생각에 푸른 꽃을 찾아보려고 울릉도까지 가보려고 한 일까지 있었다.

이러한 것은 모두 내가 꽃을 사랑하였기 때문이 아니라 내가 꽃을 두고 온갖 공상을 다하던 까닭이었다. 꽃을 찾아다닌 것이 아니라 꿈 속에 헤매던 공상에 끌려 다녔던 것이다.

그러나 지금이라도 가끔 유곡(幽谷)에 홀로 곱게 핀 백합화를 찾아보고 싶은 충동을 느낀다. 다행히 내가 찾아보게 된다면 그때 나는 꽃 앞에 꿇어앉아 꽃의 아름다움에 감격하고 또 마음껏 즐길 것이다. 그밖에는 사람들의 손으로 아무리 아름답게 길러진 꽃이라도 나는 사랑하고 싶지도 않고 심지어 보기까지 싫다. 이러하므로 사진으로 본 열대지방 같이 수목이 울창한 심산(深山)이나 삼림(森林)은 나에게 절대의 매력이다.

녹음방초가 우거진 수림 속에서 가만히 있으려면 그 많이 수 없는 잎사귀들의 맑은 빛이 내 몸에까지 배어들어 나무의 정령(精靈)이 내가 아니었던가 싶기까지 하여 나는 삶의 환희란 것을 느낀 듯 하며 영(靈)이 미소를 금치 못하는 듯도 하다.

(《문원》 2집, 1937. 5.)

2
무상의 낙

자서소전自敍小傳

지금으로부터 꼭 삼십년 전, 경북 영천읍에서 우리 부모님이 맑은 오월의 창공이 저문 어느 날 밤 비둘기 한 쌍을 꿈꾸시고 나를 낳았다 합니다. 내가 나던 날부터 재수(財數)가 좋으셨다고 하며 부모님은 무척 나를 사랑하셨어요. 그러나 나는 나면서부터 병약하고 못난이어서 늘 앓는 중에 자랐다나요. 그러니까 꼬치꼬치 말라서 얼굴이 새카맣고 커다란 두 눈만 붙어 있어 별명하되 '눈깔이'…….

다섯 살까지 젖을 먹었는데, 할머니가 젖에 쓴 약을 바르면 안 먹느니라고 하는 말을 곁에서 내가 먼저 알아듣고, 젖 먹고 싶을 때 대접에 물을 떠다가 젖꼭지를 씻은 후 빨아먹었지요. 그러니까 또 별명은 '꾀보'.

열네 살까지 성냥을 그을 줄 몰라, 남이 확 불을 켜면 놀라

울고, 우물은 근처만 가도 들여다보기 무섭다고 울곤 하였으니, 그런 못난이가 어디 있겠어요. 그러니 또 별명이 '겁쟁이'.

다섯 살부터 글 배우기 시작하여 학교 구경은 못하고 열다섯까지 한문과 여학교 강의록을 독선생에게서 배웠으니, 남들은 소, 중, 대학을 졸업하는데 홀로 나는 글방에서 케케묵은 한문책인 『소학』, 『중용』, 『대학』을 책거리했으니…….

오빠가 읽고 버린 탐정소설 부스러기에 정신이 빠졌고, 고대소설은 이름 있는 것이면 모조리 다 남김 없었어요. 열여섯 살에 여학교 지원을 했다가 아버지께 꾸중 듣고 대구사범에 들어가 일년 간 강습을 하여 삼종 훈도가 되었으니 기막힐 일이지요. 일년 팔개월 간의 교원생활 중에서 밤낮 여자대학생이 되어보고 싶어 갖은 애를 다 쓰는 중에 오빠에게 감화되어 서울로 뺑소니쳐 올라간 후 여성동우회, 여자청년동맹 등에서 노란 기염을 막 토했지요.

그러면서도 내 마음은 항상 문학에 가 있어 오빠 몰래 문학서적을 읽는다고 애를 많이 썼답니다. 장래에 문학가가 되어보리라는 야심도 없이 그저 읽기만 좋아했답니다. 그렁저렁 이십 세가 척 되니 무엇이든 쓰고 싶고 발표도 하고 싶어, 현상광고를 보고 하룻밤 사이에 휘갈겨 응모해 보았더니, 그것이 조선일보 신춘문예에 당선된 「나의 어머니」라는 단편소설이었습니다.

문학을 시작함에 누구의 지도도, 북돋우어줌도, 동기가 될 그런 무엇도 가져보지 못했답니다. 그저 내 스스로 타고난 열정 그것만 가지고, 주위의 말 못할 억압과 혼자 분투해왔다고나 할까요. 나의 문학의 길은 돌아보면 고초롭고 쓸쓸하답니다.

(《여류단편걸작선》, 1939.1.)

무상의 낙樂

억지의 말. 청춘을 너무나 아끼는 반동으로 생겨난 자위의 말 같지마는 나는 나이가 먹어간다는 것, 사람이 늙어간다는 것, 또 모든 것이 조락해 간다는 것을 슬퍼하거나 애처로이 한탄을 하거나 아깝다고 바둥바둥 헛애를 써보거나 해본 적은 암만 생각해 보아도 한 번도 없었다고 단언한다.

어릴 때는 나는 언제나 아주머니만치 커서 바느질을 맘대로 곱게 해볼까.

조금 더 커서는 언제나 나도 오빠처럼 어려운 책을 배우나. 학교에 다닐 때는 언제나 나도 선생이 되어 어려운 시험문제를 내놓고도 걱정 없이 천연스럽게 앉았을 수 있을까.

학교를 나와서는 어서 훌륭한 소설가가 되어야 할 텐데하는 모양으로 나는 오늘까지 한 번도 내 맘이 만족하여 이만하면 되었으니 언제까지든지 이대로만…… 하고 가는 세월이 안타깝다고 느껴본 적이 없다. 언제든지 늘 오늘과 다른 내일이어서 왔으면 하고 고대할 뿐이었다.

항상 앞날에 살고 내가 서 있는 오늘이라는 것에 미련이 없다. '투르게네프'의 「명일(明日)」이란 산문시를 사랑하면서도 근본에 있어 나는 그와 반대이다. 그는 모든 삶의 뜻이 앞날에 있는 것이고 그 앞날은 죽음의 무덤뿐이라고 했으나, 나는 모든 이 삶을 앞날에 걸어 두었을 뿐 아니라, 그 앞날이 무덤만 보이는 것인 줄도 알면서 도리어 그 무덤이 고대되어 못 견디게 한다.

이것은 사멸을 바란다는 것이 아니다. 무덤으로 들어가려는 그 순간에라야 만 나는 나의 삶을 완성시킨 결론의 마지막 자를 쓰게 될 것인 동시에 작거나 크거나 옳거나 그르거나 비로소 세상에 나왔던 나라는 일개 인간으로서의 역할을 다한 종결의 만족을 느끼게 해줄 것인 까닭이다.

우주에 무상이 없고 늘 청춘뿐이라면 나는 내 삶의 의의를 모를 것이며 끝없는 우울함에 빠지고 말 것 같다. 조락이 있는 까닭에 신생이 있으며 무상을 아는 까닭에 희망, 용기, 정열, 진취가 있는 것이니까…….

노망을 노망인줄 깨닫지 못하는 까닭에 늙은이다운 것이며 철없음을 철없음인줄 깨닫지 못하는 곳에 참 젊음이 있다.

내가 잔뜩 점잖해지리라고 주의를 하고 있는데도 불구하고 부지불식간에 어린 아이들과 철없이 들판에 뛰어다니다가

'언제나 철이 들겠나.' 라고 어른에게 놀림을 받으면 깜짝 놀라 '아이쿠 점잔 해져야지!' 하고 후회하는 것도 가싸 아닌 나의 청춘이 용솟음치고 있다는 증명이다. 일부러 청춘을 앗기려는 생각이 드는 때는 이미 청춘이 신발한 때일 것이다.

나는 아직 젊은이다. 그러나 내 마음이 항상 화란춘성(花爛春城)에만 매달리려고 무리한 애를 쓰지 않는 뜻은

'일만 화초가 방창하는 춘광에 나도 함께 피어나지 못하면 성하(盛夏)의 해당화를 동무하지. 그렇지도 못 하면 구추상강시(九秋霜降時) 향기로운 국화와 같이. 그렇지도 못하면 만년 청춘의 송백으로 백설의 꽃이라도 기어코 피게 해 볼 것이다.' 라고 꽃이 못 핀 이 오늘에 덧없이 제 맘대로 가버리는 봄만을 구태여 무리를 해가며 붙잡으려 헛애나마 쓸 턱이 없다.

봄이 가 버리든, 늙음이 닥쳐오든 무슨 상관이리요. 즐거운 내일, 희망의 내일, 내 삶의 나뭇가지에 꽃 피는 내일, 그 날만이 나에게 고대될 뿐이다.

이 고대가 참된 나의 청춘이 아니고 무엇이랴! 이 청춘을 굳게 잡고 놓지 않으리라.

2월 10일

(《삼천리》, 1935. 3.)

사섭私囁

지난 2년 동안은 부친의 병환과 이어 별세로 말미암아 효녀다운 간병이나 비통에 한가함이 없었던 것은 아니나, 그래도 이력저력 마음이 어수선하여 조용히 단편소설 한 편을 창작치 못하였으므로 금년 봄에는 마음을 정리하여 벌써 몇 해 전에 구상했던 장편소설을 써버리리라고 결심하듯 마음을 먹었었다.

장편을 쓰려면 자연 그 동안은 마음이 안정도 되고 자위도 되며 따라서 차차 활기와 용기도 회복되어지려니 하였던 것이다.

그러나 봄 한철이 소설 구성안을 꾸미느라고 원고지 단 한 장에 이리저리 아희(兒戱) 같은 글자만 써 놓았을 뿐으로 후딱 지나가버리고 숲 속의 매미가

"네 마음먹었던 것은 얼마나 썼니?"
라고나 하듯 매암매암 우는 소리가 마음 마음이라고 들리게 하며 여름철이 되고 말았다.

그러면 '이 여름에라도' 라고 결심한 바를 연기해 놓으며 마음에 채찍질을 해 보았더니 웬일일까, 차일피일하며 가끔 수필 줄이나 휘적거리며 역시 엉둥덩둥![1)]

"아! 이번 가을에야 설마, 설마!"

아직 가을을 다 지내보지 않았으니 모르려니와 나는 이렇게 봄에나, 여름에나, 가을에야 설마 아니 겨울 동안에…… 라고 미루고 미루다가 세월을 다 보내버리고 그러는 사이에 그만 죽어지고 말 것 같은 느낌이다.

창작욕이 불꽃같이 타면서도 한 자도 쓸 탄력이 없는 이 초조를 벌써 이년이나 계속하고 있는 나의 고통에 정말 장탄식이 나온다.

부친 생전에는 읽는 것은 일본 내지신문, 쓰는 것은 편지 이것만이 공인받아 왔었다.

그러나 오히려 그때는 아버지의 눈을 피하여 방구석에 엎드려 열심히 독서하고 열 있게 창작하였었다. 그리고 그의 병이 이미 회복될 가망이 거의 없어져 구주의대(九州醫大)로 옮겨갔을 때는 나는 반야월 집에 홀로 남아 있어 온 천지가 제 것인 양 사랑 넓은 응접대 위에다 원고지를 펴놓고 남들같이 버

---

1) 어영부영

젓하게 비로소 글 쓴다고 해보았다.

그러느라고 염려는 되면서도 남의 자식답게 간장을 태우지도 않고 책상 위에 원고지 펴고 글 쓴다는 그 기쁨만이 하루라도 더 연장되기만 바랐었다.

하루는 이웃 늙은이가 와서

"공부하는 것도 분수가 있지."

라고 나를 빈정대었으므로 처음은 예사로 들었더니 자꾸 곁에서 되씹으므로 귀찮은 것을 억지로 일어서서 원고지를 거두어 간수한 후, 대구집으로 가 보았더니 그때 최후의 전보인 듯 '준비하여 급래' 하라는 것이었다.

노인에게서 일체범절(一切凡節)을 배워가지고 그 밤에 남자라고는 단 하나 밖에 남지 않은 종제(從弟)와 도일(渡日)[2]하며 집안의 곡성을 벗어 난 것이 시원하여 서점에 들러 새로 나온 《개조(改造)》[3]를 사가지고 정거장으로 나갔더니, 나의 슬픔을 위로해 주며 먼 길에 행여나 하는 전송객이 죽 나와 혹은 눈물까지 짓는 이가 있었으나 나는 별로 슬픈 줄도 모르고 엉둥덩둥 떠났다.

병원에 도착하자

"아버지가 너를 기다리신다."

고 하며 병실로 안내하는 오빠 뒤를 따르며 그제야 눈물이 났다.

---

2) 원전에는 '도구(渡九)' 로 되어 있으나 '도일' 로 고쳤다.

3) 일본 잡지

내가 간지 수 시간에 의식이 불명해지고 만 하루에 별세하였으므로 나는 슬픔보다 행여나 뒷날에 후회됨이 없도록 온갖 예절을 다 하려는 그 마음에만 분주하며 집까지 돌아갈 동안 병이나 나서 가인들의 염려꺼리가 될까봐 그것만을 주의하며 한 번 울지도 않았다.

집에 돌아왔어도 초상 중에 새로운 잡지에 발표된 소설을 남들이 자라고 권하는 때 가만히 읽어 보았다.

그러나 심중으로는 그다지 금하시던 것이니 백일 간만 읽지도 쓰지도 않으리라고 결심하였다.

백일이 지난 뒤에 이제는 부득이한 사정의 것이면 쓰기도 하고 읽기도 하자고 생각하였더니 그것이 버릇이 되어 이제는 내 스스로 펜을 들고 싶지가 않아져 버렸으므로 요즘도

"쓰자……."

하고 펜을 들고 앉으면 먼저 아버지의 얼굴이 떠오르며 그대로 우울함에 잠기고 만다.

그의 생전에 불효였던 내가 그의 사후에야 효녀가 되려는지 감기 한 번 앓지 않던 건강한 그의 죽음이 거짓인 듯 사람의 생사가 너무나 무상함이 절절이 느껴져 걸핏하면 눈물이 흐르고, '아버지' 라고 한 번 되씹기만 해도 눈물이 나고 이렇게 쓰고 있는 지금 역시 억지로 참고 쓰고 있는 중이다.

'쓰고 싶으면서도 쓰기가 싫으며 그의 생전에 불효였던 내가 이제야 효녀가 되었느냐, 차마 그의 훈계를 잊기 어려워 못 쓰는 것이며 눈물이 나는 건가…….' 라고 중얼거려 보면

더욱 애 끊어진다.

내가 어릴 때

"너는 무엇이 되려니……"

라는 그의 물음에 시인되겠다고 대답하여

"문인은 부(富)치 못하고 또한 단명한다."

고 나에게 그 생각을 단념하라고 명령하던 일이 지금도 서너 시간 계속하여 독서나 집필을 하게 되면 이삼 일씩 소화불량으로 신고를 하게 되는 터이라 가슴이 저리게 생각이 난다.

그는 하나뿐인 딸에게 오직 바란 것은 부와 수(壽)이었고 무지의 행복이었는가 한다. 겨우 혀를 돌릴 줄 알 때부터 글을 가르쳐 주려고 갖은 애를 다 쓰던 그가 장성한 나에게서 도리어 글을 금하도록 변한 이유는 아마도 사회주의요, 오빠가 투옥되던 때부터일 것이니 조선어신문을 읽지 못하게 한 것도 이 방면 소식이 많이 실리는 까닭이었다.

그리고 그의 별세 전날 내가 도착된 때 마침 병원장 이하 담임 의사들이 모여 왔으므로 그는 가장 행복한 웃음을 띠우고

"이 세상에서 하고자 하여 못 해본 것이 없는 나에게 기어이 굴복하지 않은 것은 이 병이었소. 당신들도 너무 애쓰지 마시오. 알아 못 고치리다. 나는 이제 죽어도 마음에 남기고 갈 일이 없이 내 할 일은 남기지 않고 다 해 놓았으며, 이 많은 사람이 타국까지 나를 위하여 와 있고 또 내 뒤를 이을 아들과 딸을 다 만나 보았으니 나는 정말 행복하지요."

라고 자랑같이 말했다. 평소에 우리 남매를 남에게 자랑 한

번 한 일 없고 항상 불만이던 그가 최후로 남긴 말이 이것임을 볼 때 내 가슴은 더욱 아프며 글을 쓴다고 쫓아내려고까지 하며 나를 탄식하던 그때 그의 심정이 어렴풋이 깨달아진다.

더구나 항상 위병으로 밥을 적게 먹는 나를 꾸지람만 하던 그가 최후에 가까워 내 손목부터 만져보며 행여나 여위지나 않았는가 하는 눈치였음을 생각함에 더욱 어버이의 마음을 자식이 몰랐음에 애 끊는 듯하다.

'이해 없는 아버지, 자식들에게 애정이 없는 아버지.' 라고만 한껏 원망하고 거역만 해오던 나였다.

반야월 과원에 가서 일이나 하라고 못 견디게 굴던 그를 나는 원망하였거니와 그의 진심은 내 건강을 위해 줌이었다.

오호라, 이제야 깨달아짐이여!

그를 거역하고 그에게 염려만 끼치며 원망하며 그가 천금같이 아끼던 정력을 부어가며 쓰겠다고 기어이 썼다는 것이 무엇이든가……. 무슨 값있는 글이 한 줄인들 있었던가……. 오, 그가 그같이 아껴주던 나의 건강만 소모 되었을 뿐, 낭비하였을 뿐, 단 한 자의 글도 값있음이 없는 글을 쓰기밖에 더 했더냐…….

그는 내 무재(無才)를 간파했고 공연히 남의 잡지나 신문을 더럽히고 또 읽는 사람 눈만 피곤케 할 따름임을 알고 있었으리니 아무리 내 잘 잘못을 함께 용서하고 귀중이 여겨주는 아버지 영전이라 할지라도 펜을 들기 부끄럽고 죄송하다.

읽는 것과 쓰는 것이 이 자리에서 집어던져 버려지면 나는 얼마나 평화로우랴마는 그래도 읽고 쓰고 싶은 이 마음의 불꽃같이 타오르는 욕망은 버려지지도 잊혀지지도 않으니 마음먹어 되지 않는 일이 없던 아버지를 이겨낸 그 병과 같이 아마도 내 이 욕망도 병이라고 이름 붙일까…….

나는 아버지의 십분의 일의 강단성도 지혜도 없으니 이 병을 이겨내지도 짓밟아버리지도 못하리니 차라리 이 병과 함께 죽으리라.

창 앞에 놓은 책상 위에 펼쳐놓은 원고지가 서늘한 바람결에 소리 지르니 아버지[4]가 올라오는가.

“사랑하는 딸아, 나는 이미 죽어 공간에 연기처럼 사라지고 말았다. 이제는 네 소원을 허락하노니 열심히 매진하라.”
라고 귀에 들리는 듯 한껏 풀렸던 마음의 닻줄이 다시 감겨오려고 한다.

(《조광》, 1937. 9.)

---

4) 원문에는 ‘할머니’로 되어 있지만 문맥상 ‘아버지’로 고쳤다.

봄 햇살을 받으며

나는 지금 화창한 봄길을 자동차로 달리고 있다.
즐거운 한때다!

더구나 이 길은 그리운 나의 집으로 가는 길이다.

야간열차를 타고 온 하룻밤의 피로가 이 즐거운 귀가길을 달콤한 잠으로 유혹한다.

아름다운 추억들이여! 지금은 내 가슴을 네가 차지했구나. 마음대로 자유롭게 놀아 주렴.

아! 이런 일도 있었지…….

그것은 어느 해 이른 봄으로 아버지가 살아계실 때였다. 내 나이가 스물을 넘었을 때지만 아버지는 예닐곱 살 아이처럼 나를 귀여워해 주셨던 때이다. 나는 여러 가지 꽃씨를 사 놓고는 빨리 따뜻한 봄바람이 불어오기를 애타게 기다리고 있었다.

어느 날 드맑은 하늘 아래에서 나는 낮잠에 빠져들었다. 그 짧은 잠에서 깨어보니 갑자기 봄이 가슴에 와 있었다.

봄기운이 가슴 가득히 느껴졌다.

나는 잠시도 참을 수가 없어서 바로 뜰로 달려가 괭이를 꺼내들고, 흙을 파서 일구고 선을 그으며 열심히 화단을 만들어 갔다.

화단 가까이에 아버지가 수련을 심겠다고 둥근 구덩이를 파서 시멘트로 굳혀 둔 것이 있었다.

그걸 잊고 있었던 것은 아니지만 일분이라도 빨리 씨를 뿌리고자 열중한 나머지 흙을 파다가 쿵, 하고 그 시멘트 구덩이에 떨어져버렸다.

그 순간은 앞이 깜깜한 게 아무것도 느낄 수 없었는데 다음 순간에는 다리와 허리가 아파 소리도 안 나왔다.

어머니와 언니, 조카들은 무정하게도 손뼉을 치며 웃고 있었다.

"뭐가 웃겨!"

나는 부끄러워서인지 아파서인지 아무튼 소리를 질렀다.

"왜 그런 데 떨어져!"

하고 그녀들은 점점 더 자지러지게 웃었다.

"이제 봄이잖아! 꽃씨 뿌리는 거 늦어지면 어떻게 할 건대? 누구 하나 화단 만드는 거 안 도와주면서, 어휴 속상해. 그래도 꽃이 피면 자기들이 제일 먼저 제 꽃인 양 좋아할 걸!"

나는 넘어진 채 화를 내며 쏘아붙였다.

"너 잤어? 어쩌다 그런 데 빠졌어? 그렇게 서둘지 않아도 봄이 되면 자연히 화단에 꽃은 피는 법이야. 너 머리가 어떻게 된 거 아니니?"
하며 아무도 나를 꺼내주려 하지 않았다.

"이렇게 따뜻해진 걸 모르겠어?"

나도 지면 체면이 말이 아닐 것 같아 양손을 벌려 맑은 하늘과 밝은 태양을 가리키며 외쳤다.

하지만 모두 웃기만 했다. 나는 할 수 없어 혼자 일어나 아픈 다리를 무리하게 쭉 펴면서 화를 내 뾰로통해져 방으로 들어갔다.

그 일을 아버지가 저녁식사 때 들으시고,

"너희들은 신애를 덤벙댄다고 놀리지만 그건 너희가 둔해서 그런 거야."
라고 잘 아는 것처럼 말해주셔서 나는 체면도 서고 아주 자랑스러웠다.

"또 떨어지는 일이 있으면……."
라고 하시면서 아버지는 수련을 단념하고 그 구덩이를 메워버리셨다.

다시 떨어지는 일 없이 안심하고 화단을 만들도록…… 라고 아버지는 생각하신 것 같다.

아버지는 내 손으로 씨를 뿌린 꽃을 가장 좋아하셨다.

아버지가 돌아가신 후로는 나는 한 알의 씨도 뿌리고 싶지 않았다. 그뿐만 아니라, 화단 따위는 애당초 속된 거야, 곰상스레 만들고 있자니 우스워서 못 하겠다, 로 생각이 바뀌어버렸다.

그 대신 아버지가 임종 때까지

"문학은 그만 둬라. 문학하면 궁색해진다."

라고 엄하게 명하셨지만 문학은 도저히 그만둘 수가 없어 자나 깨나 계속하니 나도 어지간히 불효녀인 것 같다.

그러나 이것은 아버지를 고의로 거역하려고 하는 것이 아닌데, 그걸 무덤 속의 아버지가 알아주실지 조금 걱정이다. 나는 늘 이것이 걱정이 되어 때때로 남몰래 울 때가 있다.

이걸 보면 아버지에 대해 그렇게 불효녀라고 못 박지는 않아도 될 것 같다. 하지만 이런 걸 생각한다는 것은 역시 진짜 효녀는 아니라는 증거일지도 모른다.

어느 쪽이든 간에 나는, 아버지가 몹시 좋아하고 사랑하신 화초라 해도 절대로 그런 속되고 곰상스런 일은 하지 않기로 마음을 정했고, 내가 궁색해지는 것을 아무리 아버지가 걱정하셨다 해도 가난이 두려워 문학을 버리는 일 또한 하지 않기로 마음을 정해버렸다.

"문학하면 가난해진다."

라는 말을 내뱉은 고인이 원망스럽다. 호랑이한테나 잡혀 먹혀 버렸으면. 아버지에게 쓸데없는 걱정을 끼쳤으니까. 나는 아무리 궁색한 일이 있다 해도 문학을 계속하고 있기에 이렇게 즐거운 것이다.

올해도 둔감한 가족들은 아직 꽃씨를 뿌리지 않았을지도 모른다. 아무래도 좋다. 시멘트 구덩이를 메우지 않아도 난 이제 떨어실 염려가 없으니까 상관없어.

아버지!

나는 지금 봄길을 달리며 이렇게 즐거워요. 이렇게 너무나 아름답게 살고 있어요.

문학의 새싹이 가득 이 가슴을 초록빛으로 물들이고 있어요. 때때로 남몰래 불효라는 생각에 눈물짓습니다. 용서해주시지 않는다면 나는 죽어서 아버지 곁에 가 드리지 않을 거예요. 그렇게 생각하세요. 당신에게 가장 슬픈 일은 나를 못 만나는 일이잖아요? 그렇잖아요?

(《국민신보》, 1939. 4. 9.)

도취 삼매

장주(裝周)가 호접(胡蝶)이냐 호접이 장주냐!

지난 해 이른 봄 지향 없이 거리로 나갔다가 우연히 그림 파는 점방 앞을 지나다 한 장의 풍경화를 샀다. 많은 그림 중에서 특별히 이 한 장이 맘에 무척 들었던 것이다. 평소에 그림에는 문외한인 나이니만큼 그 그림에 대한 평안(評眼)이 있어 그런 것이 아니요, 무단히 맘에 들었던 것이다. 그림의 경치가 이 지상의 풍경 같게 여겨지지 않고 마치 화성의 풍경 같게 느껴졌다. 화성을 동경하는 나도 아니요, 화성에 대하여 별 흥미를 느끼고 있는 것도 아니요, 물론 화성에 가 본 적이라고는 꿈에라도 있을 리가 없는 것이다. 공연히 아무 이유 없이 그렇게 느껴졌던 것이니 이 엉터리없는 느낌이라는 것이 나에게는 떼어버릴 수 없는 버릇의 하나이다. 탐정의 제

육감(第六感)이라는 것에 비슷한 것이라고 나는 늘 반성도 하지 않고 고치려고도 하지 않으며 어넌 때는 반 자랑같이 여기고 있는 것이다. 그러므로 이 그림을 화성의 풍경을 그린 그림이라고 느낀 것도 제삼자의 눈에는 비친 사람이 말갛게 보일 것이다.

좌우간 나는 이 그림을 집으로 가져다가 높은 천정을 가진 침방에 걸기로 했다. 항상 남쪽으로 머리를 두고 자는 나인 까닭에 북쪽 벽에다 걸고 밤마다, 누울 때마다 눈에 잘 띄게 하였다.

화성의 수림 같다고 느껴지는 광물성을 띈 붉고 거친 호리호리한 수목과 끝없이 푸르고 잔잔한 호수 원경의 푸른 산은 그림 전체에 정숙한 느낌을 주고 있다. 이 그림에서 가장 쉽게 눈에 띄는 것은 이것뿐이다. 그러므로 일견 끝없이 살풍경하며 조말(粗末)한 그림이다.

이 따위 그림이 이렇게 마음에 들 리가 만무하다고 스스로 느껴지는 때도 없는 것은 아니나 웬일인지 나는 이 그림이 무척 좋았다. 단순히 좋을 뿐 아니라 이 그림 속에서 천당이며 극락을 꿈꿀 수도 있으며 하룻밤에도 몇 번씩 나로 하여금 장주가 되게 하여준다.

화성의 풍경 같다고 느끼는 이 그림을 보며 장주의 꿈을 꾼다는 것이 기괴하고 우스운 일일 것이다마는 나의 공상만은 자유자재의 것이니 내 스스로인들 어떻게 할 수 없는 것이다.

저녁 먹고 이럭저럭하다가 자리에 들어가면 제일 먼저 이 그림이 눈에 띈다. 그러면 언제든지 판에 박은 것같이 큰 한숨이 한 번 내쉬어지며 한껏 기지개가 나온다. 그러면 나는 어느 사이에 호접이 되고 마는 것이다. 펄펄펄 날아서 그림의 수림 속으로 잔잔한 푸른 호수 위로 지상에다 '굿바이'를 하고 마는 것이다.

봉래산(蓬萊山)이 아닌 이 살풍경한 경치 속에서 나는 신선도 되며 불타도 되어 벽안금발(碧眼金髮)의 천사들의 음악도 들으며 온 땅덩이를 한 눈 속에 집어넣고 개미 잔치 구경하듯 철소(徹笑)[1]도 한다. 나는 전지전능하며 우주간의 모두가, 모두가 내 마음대로며 나 하나를 위하여 있는 것 같게도 생각된다.

그러나 동쪽 산이 불그스름해지고 참새소리가 들려오면 나는 그만 지상의 일철생(一徹生)[2]으로 돌아오고 만다. 그러면 지난밤의 장주는 간 데 없고 그날의 인생을 또 맞게 되는 것이다. 누구나 다 마찬가지의 고로(苦勞)의 인생을…….

이 그림을 산 후 오늘까지 나는 이같이 날과 밤을 두 개로 나누게 되었다. 그러나 이것이 오래 계속된 오늘에 와서는 밤이 낮인지 낮이 밤인지 어느 것이 나의 현실인지 분별할 수 없게 되었다.

나는 완전히 이 그림 한 장 까닭에 금세의 장주가 되고 말은 것이나 일부러 과대망상 병에 걸린 금세의 '돈키호테'나 되지 않았나? 하고 생각하지 않는다. 아니 될 수 있는 대로 이 그림 속에 밤마다 나비가 되어 날아다니고 싶을 뿐이다. 이 그림

---

1) 박장대소

2) 하나의 보잘 것 없는 생명체

까닭에 나의 인생을 도취시켰을 뿐 아니라 그 도취의 삼매경에다 모든 고로(苦勞)를 녹여버리고 만 것이다. 이 심경을 알지 못하는 사람으로서는 얼마나 우스울 것인가.

그러나 나는 이 같은 사람이 오직 나 한 사람뿐이 아닌 것을 안 후 무척 위로를 받은 적이 있다. 그것은 나의 집에서 멀지 않은 곳에 동해중부선의 B정차장이 있다. 이 정차장에 어느 날 저녁에 한 동무를 맞으러 나갔다가 시간이 삼십분 가량 있으므로 외투 깃[3]에다 턱을 감추고 대합실 한편에 앉아 기다리게 되었다. 문득 어디서 처량한 단소 소리가 들려왔으므로 심심하던 차라 벌떡 일어나 밖으로 나와 보았다. 그 소리는 그 정차장 역장의 사택에서 흘러나왔다. 나는 염치 불구하고 살그머니 걸어 그 소리 나는 창 밑에 가 서서 들여다보았다. 아직 전기가 없는 이 촌 역장이 갈스릿한[4] '램프' 아래서 그 부인과 단둘이 마주앉아 단소를 불며 그 부인은 고개를 갸웃하여 삼매선(三味線)으로 반주를 하고 있는 것이었다. 이따금 부인은 작은 목소리로 노래를 불러가면서…….

보드랍게 조용하게 흘러나오는 그 소리에 나는 잠깐 도취가 되었었다. 내 곁에 우뚝 서 있는 앵화(櫻花)나무 가지가 따르릇 소리를 내어 내 가슴은 턱없이 센티멘털해졌다. 밤마다 그림 속에 놀 때의 형언할 수 없던 상쾌한 녹색의 향기가 코끝을 살짝 스쳐 지났다.

---

3) 원전에는 '에리'로 되어 있다.

4) 희미하게 갈색의 빛을 띠고 있는 램프나 호롱 불빛.

문득 나는 '저 사람들도 저 때는 도취하여 졌지.' 하고 입 속에서 속삭여 보았다.

그들은 한결같이 계속하며 흥에 겨워 몸과 머리를 좌우로 흔들거리며 두 눈을 감았다 떴다, 두 볼을 불룩불룩하며 열심히 단소를 불고 있었다. 나는 무슨 생각이 났던지 갑자기 손가락으로 두 귀를 꽉 막고 창으로 들여다보았다. 갑자기 폭소가 터져 오름을 억지로 참고 이윽히 들여다보다가 참다못하여 가만히 소리를 내어 웃고 말았다. 단소 소리가 귀에 들릴 때는 아무렇지도 않게 보이던 그들이었으나 그 소리가 귀에 들리지 않게 해놓고 다만 그들의 동작만을 엿볼 때 우습지 않을 수가 없었다. 기다란 막대기를 입에 물고 저 자식이 무슨 저런 망측한 표정일까…… 하는 생각이 들었던 까닭이다.

멀리서 기적소리가 들리자 나는 웃는 얼굴 그대로 대합실로 돌아와 플랫폼을 내다보았다. 조금 있더니 적(笛)을 불던 그 역장도 모자를 쓰며 플랫폼으로 가장 점잖하게 걸어 나왔다.

그날 밤 집으로 돌아와서 전보다 일찍이 침방에 누워 그림을 쳐다보았다.

"내가 저 그림 속에 밤마다 장주가 되어 천사들의 음악 속에 놀고 있는 줄을 누가 안다면 내가 웃어준 아까의 그 역장같이 나를 또 웃을 것이다!" 하며 흐흥, 하는 코웃음을 쳐 보았다. 그러나 나는 그날 밤부터 더 한층 이 그림이 나에게는 없어서는 안 될 것이 되고 말은 것이다.

(《중앙》, 1934. 2.)

백안白雁

꼭 어른 같다는 어린이들, 꼭 늙은이 같다는 젊은이들, 꼭 여자 같다는 남자들은 모두 내 눈에는 좋게 보이는 편이 아니다.

어린이는 철없어야 어린이답고 젊은이는 용감해야 젊은이답고 남자는 또 좀 남자다워야…….

일 년 사시절도 봄은 봄답게 따뜻하고 여름은 여름답고 가을은 가을답고 겨울 또한 겨울답게 추워야 다 각각 그 달라가는 데 재미가 있는 것이라고 우에 잔소리[1] 같으나 나는 이렇게 생각했다. 그러나 예외로 금년 겨울은 겨울답게 냉혹하게 추운 날 없이 봄날 같이 따뜻한 날이 많은 것도 별로 그렇게

---

1) 하지 않아도 될 말까지 보태어 하는 잔소리.

나쁜 것이 아니었다.

사람도 간혹 어린이 같은 어른이나 젊은이 같은 늙은이나 남자 같은 여자가 있는 것과 같이…….

장승 입에 떡가루 칠 해두고 떡값 내라고 시비하는 깍쟁이 같은 세상판에서 부끄럼 당하고 얼굴이 빨개지며 입에 손가락을 비비 틀어넣는 철없는 어린이 같은 어른을 볼 때나 공자님의 도를 본받아 중용을 지키느라고 살살 피해 다니며 남만 앞장을 세워놓고 저는 저대로 점잔만 하려는 젊은이가 많은 판에 두 팔 휘젓고 앞장을 맡고 나오는 용감한 한 늙은이를 볼 때, 나는 무조건하고 가슴이 뜨거워지며 기뻐서 속고(俗苦)를 잊어버릴 때조차 있다. 모이면 옷 자랑, 음식 자랑, 남의 흉내보기에 힘쓰는 여인들 가운데서 간혹 이들과 전연 반대되는 훌륭한 여인을 볼 때야 말하면 무엇 하리마는 얼마나 유쾌하랴…….

겨울은 겨울답게 추운데 재미가 있는 것이기는 하나 봄같이 따뜻한 것도 또한 버리지 못할 재미가 있다. 우리 집은 넓은 들판 한가운데 있어 제일 가까운 인가라도 이삼 분 걸어야 가게 되나 이따금 찾아오는 사람은 많다. 모두가 무지하고 가난한 촌농부들이기는 하나 이들은 지극히 순박하여 마치 어린이 같은 어른들이다.

"아이고 금년 겨울은 따뜻해서 참 좋습니다."
하고 나는 첫 인사를 하면 이들은 누구나 다같이

"아이고 새댁이야 바깥일 할 게 있나 추우면 무슨 걱정이겠는기요."

한다. 나는 얼른

"옷 없고 밥 그리는 사람들에게야 오직 고맙겠어요. 내야 춥든 덥든 상관없지마는…."

하고 대답하면 그들이 오직 나를 칭찬하며 마음이 어질다고 존경하련마는 불행히도 나는 이러한 아름다운 마음씨라고는 그림자만치도 가지지 못한 인간이었다.

"금년 겨울은 따뜻하여 참 좋습니다."

라고 말한 내 속 이유는 이들 촌부들에게 이해 못할 이유가 있는 것으로 그저 덮어놓고 저편 사람들 인사채[2)]로 한 말은 아니었다. 그러나 이들에게서

"바깥 일 할 게 있나, 추우면 무슨 걱정이요."

라는 대답을 듣고 더 입을 떼기가 생각되지 않을 수 없었다. 바른대로 나오는 대로 무사(無邪)한 어린이 같았으면

"추워도 좋지마는 바람이 불면 건넌 못에 기러기가 날아오지 않으면 어떡해……."

하고 말할 것이로되 나는 이미 깍쟁이가 거의 다 되어가는 판인지라, 말머리만 슬쩍 돌리고는 마는 것이었다. 만일 그들이 이 말을 들었다면 당장에 속으로 '그까짓 기러기가 날러오면 무슨 이익이 있나. 할 걱정이 없으니 별 말을 다 하는구나' 하고 비웃을 것이다.

---

2) 인사치레

그러나 나는 비록 촌부들에게서야 비웃음을 받을망정 혹독하게 추워지면 건넛못에 기러기 날아오지 않을까 하는 것이 제일 걱정이었다.

건넛못에 날아오는 기러기는 백설같이 희고 깨끗한 털을 가졌으므로 처음에는 '기러기가 빛이 왜 흰고.' 하는 의심이 생겨 촌부들에게 물어보니 그것은

"고니라는 거요."

라고 대답했다.

나는 얼마만치 실망이 되어 어떻게든지 그것이 기러기라는 확증을 찾기에 애썼다. 그 울음소리나 날아가는 모양이 꼭 기러기와 틀림없는데 빛깔이 희다. 누가 무어라고 하더라도 흰 기러기도 있다는 것만 알고 싶어 누구에게 물어볼까 하고 생각하고 있었다. 그 어느 날 밤 요란한 기러기 소리를 들으며 앉았으려니 홀연 입에서 나도 모르게 글 읽듯 군소리가 나왔다. 무의식간에 나오는 군소리가 가끔 나에게 반가움을 느끼게 하는 때가 있다. 내가 어릴 때 아주 재미있어 부르다가 잊어버린 노래나 어느 때 배웠던지 기억조차 없는 한시 구절 같은 것이 툭 튀어나오기를 잘 하는 까닭이다. 이날 저녁에도 열서너 살 적 배워보고 그 후는 꿈에도 되풀이 한 번 해본 적이 없었던 것인데 입술이 제 혼자 기억하여 군소리를 하고 있는 것이었다.

"맹자견량혜왕(孟子見梁惠王)하신데, 왕(王)이 입어소상(立於沼上)이러시니, 고홍안미록 왈(顧鴻雁麋鹿 曰) 현자(賢者)도

역낙차호(亦樂此乎) 잇가."[3]

하고 내 입술은 그 다음으로 줄줄 내려가고 있는데 그때 내 머리는 그 군소리를 듣고 무엇이 생각났는지 내 몸을 재촉하여 책장을 뒤지게 했다. 나는 연방 군소리를 하며 책장 한편 구석에서 『맹자』를 끄집어내 막 뒤져 보았더니, 마침내 내가 알고자 애쓰는 것을 알아내고 말았다. 다시 말하면 우리 집 건너 못에 날아오는 그 백색의 새가 무엇인지를 알게 되었다는 것이다. 이 『맹자』 책은 현토주해(懸吐註解)한 것이었으므로 내가 군소리로 외었던 글의 주해란(註解欄)에 '홍(鴻)은 안지대자야(雁之大者也)' 라고 쓰여 있었던 것이다. 나는 공연히 무척 반가워 얼른 옥편을 열고 홍(鴻) 자(字)를 찾아보니 역시 백색(白色)으로 안지대자(雁之大者)라고 쓰여 있었다.

"올치. 그러면 그렇지. 기러기임에는 틀림없다."

하고 기뻐했다. 그 이튿날부터는 안심하고 기러기, 기러기 하고 부르게 되었으므로 전보다 더 운치가 깊었다.

금년 겨울은 봄날같이 따뜻한 날이 많으므로 거의 날마다 푸르게 개인 아침 하늘 아래 수백 마리씩 열을 지어 저 먼 앞산으로부터 기럭기럭 서로 부르며 대답하며 날아오는 아름다

---

3) 孟子見梁惠王 王立於沼上 顧鴻雁麋鹿 曰 賢者亦樂此乎(孟子 梁惠王篇 上) : 맹자가 양나라의 혜왕을 만나보셨는데, 왕이 못가에 서 있다가 큰 기러기와 작은 기러기, 큰 사슴과 작은 사슴을 돌아보면서 말했다. "賢者에게도 또한 이런 것들을 즐김이 있습니까?"

이 대목에 대한 朱子의 해설: 鴻雁之大者 麋鹿之大者('鴻' 은 기러기 가운데 큰 것이고, '麋' 은 사슴 가운데 큰 것이다)라는 구절이 있음.

움, 더구나 아침 햇발에 백설 같은 그 나래들이 장미색(薔薇色)으로 내 눈에 비치는 그 나래의 맑은 빛이 끝없이 신비스럽고, 보드라운 그 나래 소리에 내 영혼도 함께 청정해지는 듯하는 것이었다. 그뿐 아니라 월명(月明)하고 기청(氣淸)한 심야에는 외기러기 아닌 떼기러기들의 상호(相呼)하는 요란한 울음소리에 튀미한[4] 잠꾸러기인 나로써도 잠 못 들어 남폿불을 돋웠다 낮추었다 하며 애꿎게 책장만 뒤지게 한다. 어떤 때는 책을 치켜든 팔이 기진하여 잠을 들이려 애를 쓰면 두 귀에 요란하던 기럭기럭 소리가 가슴 속에까지 파고들어 온 몸뚱어리 속까지 새어들고 나중에는 온 방안에 꽉 차고 온 천지에 꽉 차서 기럭기럭 울음소리에 내 정신조차 혼미하여진다.

금년 겨울은 기러기 속에서 거의 보내게 되는가, 고 생각이 든다. 그저께는 아침에 일어나 창을 열고 내다보니 만공(滿空)에 백설이요 온 땅 위가 또한 백설에 잠기어 있었다.

'오늘은 기러기들이 어데 가서 이 눈을 피하는고.' 하며 생각하였더니 의외에도 반가운 기러기 울음소리가 설공(雪空)에서 들려왔다.

나는 눈을 그대로 맞으며 바삐 들 가운데 나서니 여전하게 기러기들은 떼를 지어 내 머리 위로 날아가고 있었다.

분분한 설공을 나는 흰 나래들……. 이 또한 기막히게 아름

4) 사리분별이 정확하지 못하고 어리석은. 투미하다.

다워 단 하나 나의 혼이 나래 따라 끝없이 갔다 오니 추워진 내 옷 위에 눈이 쌓여 있었다.

"응당 나래 위에 흰 눈이 쌓였으련만, 나래 역시 흰 빛이라 내 눈에 보이지 않았으니 그 나래 무거운 줄을 몰랐구나."

나는 무식한 시인 부스러기 같이 군소리를 하며 방안으로 들어왔다.

그 날 오후는 날이 개이며 훈훈하여 봄눈이 온 뒤 같았으므로 집 안에 사람들도 없고 심심하여 밖을 나오니 건너 못에서 요란하게 기러기 소리가 들려왔다. 나는 허둥지둥 못 둑에 올라가 보았다.

기러기들은 못 한편 얼음 녹은 물 위에 고요히 떠 있었다. 마치 구중궁궐(九重宮闕) 안 정원호수(庭園湖水) 위에 수없이 떠 있는 호화로운 유선같이 둥실둥실 떠 이리저리 미끄러지듯 헤엄치며 나는 본척만척한다. 그래도 나는 행여나 그들의 놀음에 방해될까 하여 못 둑 위에 가만히 웅크린 채 무릎 위에 팔을 세워 턱을 고이고 마음을 즐거움 속에 잠가놓고 양안(兩眼)을 반개(半開)하여 때 가는 줄을 잊고 있었다. 이때

"보시소, 왜 여기 있는기요."

하는 사내 목소리가 바로 내 곁에서 들려왔으므로 나는 졸도할 뻔 기겁을 했다. 겨우 진정을 하여 돌아보니 남의 집 머슴살이인 듯한 헐벗고 때 묻은 사내 하나가 서 있었다. 나는 나의 즐거움을 깨트리고, 그 위에 놀라게까지 한 이 낯모를 무례한 사내에게 순간 단단히 골이 나 벌떡 일어서며

"왜 물어요?"

하고 격한 어조로 반문했다.

"아니요. 누구를 기다리시는가, 해서."

"무엇을 하든지 당신에게 무슨 상관이요, 실없이!"

나는 저편의 태도 여하에 따라 큰 소리라도 낼 듯이 발끈 성을 내었다.

"아니 그저."

사내 얼굴은 무척 낭패하여 우물우물하는 것이었다. 나는 그의 태도를 한 번 바라본 후 갑자기 픽 웃고 말았다. 그가 나에게 말을 건네게 된 마음을 짐작한 까닭이었다.

"쓸데없는 말 묻지 말고 갈 길이나 가시요."

하고 다시 아까처럼 옹크리고 앉았으나 사내는 그래도 빽빽이 가지 않고 서 있었다.

"여기 이렇게 앉아 있으니 당신 눈에 어떻게 보이시오?"

하고 나는 웃는 얼굴로 물어보았다. 그러나 사내는 내가 예기한 대답은 하지 않고

"아니요. 댁이 어데십니까?"

하고 묻는다.

"우리 집은 바로 저 것이니 안심하시오. 내가 물에 빠져 죽을까봐 그러시는 것 같소 마는 안심하시고 가십시오."

하고 나는 여자답지 못하게 가가대소를 했다. 사내도 그제야 뒤통수를 긁으며 무색한 얼굴로

"추운데 인적 없는 못가에 혼자 있기에 저, 행여나 누구신

가…… 해서."
하며 부끄러운 듯이 달려 가버리고 말았다. 이 못 위에 기러기가 저렇게 늘 놀고 있어도 구경하러 온 사람은 나 하나뿐이었음을 짐작할 수 있었다.

나는 고소한 후 '기러기 너 내 여기 있음을 아는지 모르는지?' 하는 맘으로 다시 바라보고 있었으나 아까처럼 즐거워지지도 않고 기러기 역시 나를 본 체 만 체 '네가 아무리 우리를 바라본들 무슨 소용이 있겠느냐.' 이라고나 하듯이 저희들끼리만 놀고 있었으므로 집으로 돌아오고 말았다.

"이 치운데 못가에는 무슨 청승으로 갔다 오시는지요. 나는 누가 빠져 죽으러 가 있는가, 했구마."
하고 촌부 하나가 길 위에서 나를 바라보고 웃으며 이렇게 말했다.

나는 어이없어 또 한 번 더 웃고 방으로 들어왔다. 나는 창문으로 동네 오막살이를 바라보며 앉아 있었다.

(《조선일보》, 1937. 3. 5~3. 7.)

눈 오던 밤의 춘희

육 년 전이다. 그때 나는 동경[1]에 있었다. 그 해에는 웬일인지 몇 십 년 만이라는 대설이 내렸었다.

나는 아파트의 삼층 일실에서 저물어가는 눈 하늘을 하염없이 내다보느라고 유리창에 이마를 기대고 서 있었다.

그때 건너편 양관(洋館) 삼층에서 역시 눈 나리는 이웃 지붕을 내다보고 있는 한 여인이 있었다. 그 여인은 오래 전부터 나를 발견하였던지 내가 그 여인을 바라볼 때, 그는 나에게 열심히 손을 흔들고 있었다.

그 양관과 내가 있는 아파트는 거의 백여 간(間)이나 떨어져 있었고 또 저물어가는 저녁 때이라 그 여인의 얼굴 모습은 알

1) 원본에는 '동쪽 서울'이라고 되어 있다.

아볼 수가 없었다.

나는 조금 서먹서먹하기는 하나 창을 열고 손을 내밀어 그에게 흔들어 보였더니 그는 갑자기 바쁜 일이 생긴 듯이 다시 한 번 손을 흔들어 보이고 창에서 사라졌다. 나는 어찌된 셈인지 가슴이 쓸쓸해졌으므로 창문에다 커튼을 내려버렸다.

그 사이에 전등이 켜지고 복도에 조심스런 발자취 소리가 들려오며 가끔 머물러서는 기척을 느꼈으나, '이웃 방 사람이겠지' 하고 테이블 앞 의자에 걸터앉아 원고지를 펼쳐놓았다.

조금 있더니 발자취 소리는 내 방 앞에 와 헝클어지며 얌전한 노크 소리가 났다.

나는 무심코 들어오라고 대답하였더니

"들어가도 좋을까요?"

하는 아름다운 소프라노 음성이 대답했다. 나는 노크한 사람이 주저하는 태도에 잠깐 생각한 후 일어서 도어를 열었다.

"아!"

나는 도어를 열자, 그곳에 서 있는 사람이 내가 꿈에도 예기해본 적이 없는, 눈이 부시게 반짝이는 금발을 가진 양녀임에 기겁을 하듯 놀랐던 것이었다.

"들어오세요."

하고 이윽한 후 그를 방안으로 들였더니 나는 또 한 번 놀랐다. 그 이유는 그가 일본인이나 조금도 다름없을 만치 말이 유창한 것이다.

"나는 저편으로 옮겨온 지 일주일이나 됐어요. 아침마다 당신이 창을 여는 것을 보았어요. 그때마다 손을 흔들어도 당신은 못 본 척하셨어요."

양관 창에서 내다본 여인이 즉 자기라고 했다.

"아! 그랬어요? 나는 오늘 처음 당신을 발견했는데요."

나는 그와 어느 사이인지 십년지기같이 정답게 이야기를 나누고 있었다.

"저 눈을 맞으며 우리 산보합시다."

우리는 거리로 나섰다.

가까운 일비곡공원[2)]으로 향했다.

공원 앞까지 가서는 둘이 함께 발을 멈추었다.

"무서워라……."

그는 갑자기 나에게 바싹 다가서며 인적기 없는 공원 안을 기웃거렸다.

나는 여기까지 눈을 맞고 걸어오는 동안 흠뻑 감상에 잠겨 있던 터이라 그의 어깨를 껴안았다. 그리고 눈물을 감추며 애달픈 설희 이야기를 들려주기로 했다.

"설희! 그는 나이가 나보다 한 해 위였으나 몸집이 나보다 무척 작아서 나를 언니라고 불렀어요. 그의 사랑하는 이는 모 사건으로 사형을 당하고 홀어머니와 가엾이 살았는데, 나는 그의 유일한 동무였습니다. 그는 항상 검은 루바슈카[3)]를 입고

---

2) 히비야공원 일본 궁성 앞에 있다. 동경유학생 100여 명이 3.1선언을 기념해 독립선언 연설을 한 곳으로 유명하다.

3) 블라우스와 비슷한 러시아 겉저고리

내 가슴에 기대어 '언니! 나는 춘희를 사랑한답니다. 나도 춘희처럼 되렵니다. 아니 나는 춘희보다 설희가 되렵니다. 함박눈이 펄펄 소리없이 땅 위에 쌓일 때, 나도 소리 없이 가렵니다.' 그 후부터 그는 스스로 설희라고 이름을 고쳤습니다. 그 역시 춘희처럼 가슴을 앓고 있었던 것입니다. 그 설희가 그 재작년에 정말 눈 나리는 밤, 소리 없이 먼 암흑의 나라로 사라져 갔답니다."

내 이야기가 끝나자 이 이국 여인은 바로 가슴을 헤치고 흰 단추가 목까지 달린 새까만 블라우스를 나에게 보이며

"언니!"

하며 감격에 떨리는 듯 나를 불렀다. 나는

"오!"

하는 감탄과 함께 그의 블라우스 스타일이 그 전날 설희가 즐겨 입던 루바슈카와 비슷함에 놀라며 행여나 설희 영혼이 나타난 것이 아닌가 하여 등에 찬 땀이 쭉 흘러내렸다.

"과연! 나는 내 영감이 들어맞았어요. 당신은 반드시 나에게도 유일한 동무가 될 것 같아요. 오늘 밤, 흰 눈이 내리는 가운데서 백이란 성을 가진 당신을 친하게 되고, 설희 이야기를 들었으며, 그 설희가 또한 나와 운명이 같은 사람임을 알게 되었습니다. 기이한 일입니다. 나는 당신보다 나이가 많은지는 모르겠습니다마는 당신을 언니라고 부르겠어요. 당신은 나를 설희라고 불러주세요. 정말, 정말 나는 설희라고 이름을 고치겠어요."

하며 그는 무슨 설움이 가득 차오른 듯 내 어깨 위에 이마를 비벼댔다.

나는 온몸에 소름이 끼친 채 묵묵히 서 있으며 그 여인이 설희 같이만 생각되었다. 그리하여 얼른 이 생각을 물리치려고 안전지대 위로 옮겨 섰다.

그러나 그는 무엇에 취한 듯 내 곁에 자꾸 다가서며

"미스 화잇! 아니 언니! 우리가 이렇게 서있는 동안 눈이 자꾸 내려서 우리가 눈 가운데 포옥 파묻혀 버렸으면……."

하고 그는 커다란 눈을 반짝였다.

우리는 함께 웃으며 옷 위에 쌓인 눈을 서로 바라보는 사이에 가로등에 펄펄 나리는 눈발이 마치 우리를 눈 속에 파묻으려는 듯싶었다. 이윽고 함께 걷기 시작하였을 때, 나의 가슴은 이국 정서로 가득해지며 남의 나라를 방랑하는 듯 노스탤지어의 마음은 자못 설레었다.

(《여성》, 1938. 1.)

제목 없는 이야기

언젠가 동경서 발행하는 어떤 신문 지상에 장곡천여시한(長谷川如是閑) 씨를 평한 말 가운데

“씨는 다방면이라서 무엇을 한 가지 끝까지 철저하게 연구하지 않는다. 그것은 씨의 단점이라고만 말할 것이 아니라 그는 너무 두뇌가 명철한 까닭이다. 다시 말하면 무엇이든지 한 가지에만 열중한다는 것은 그만치 그의 머리가 맹신적으로 단순한 까닭이니, 즉 예를 들어 말하면 한 종교에 열중하는 사람, 그 사람이 조금 바보[1)]가 아니면 한 가지 종교에만 열중하지 않을 것이다. 물론 무슨 방면이든지 한 방면만 꼭 연구한다는 것은 좀 바보가 되지 않으면 못하는 일이다.”

---

1) 원전에는 ‘바가’로 되어 있다.

라고 쓰여 있었던 것이 나는 이따금 생각날 때가 있다. 무슨 까닭에 자주 이 말이 생각나느냐 하면, 한 방면에만 철저하지 못하는 장곡천 씨의 투철한 두뇌를 숭배하여 그런 것이 아니라 그의 단점을 평한 말이 피육으로서는 대단히 점잖고 교묘했던 것을 느낀 까닭이다. 아니 그보다 솔직하게 말하자면 '나루호드' 하고 내 자신에 비춰서 느껴진 바가 있었던 것이다. 그렇다고 내가 장곡천 씨 같은 두뇌를 가졌다는 것은 절대로 아니다. 너무나 평범해지려는 무열성한 나를 변명하기에 대단히 적당한 방편이 되어주는 까닭이다. 다시 말하면 뒷걸음치려는 나의 나태심을 자위하기 좋은 말이라고 생각하는 까닭이다.

종교 한 가지만으로도 우습고[2] 음악, 미술, 문학, 사상 무엇무엇 모두 하나씩만 하게 되는 것은 바보다. 착한 것도, 악한 것도 모두 극단으로 가서는 우습다, 라고 생각하여 인류 세상에 있는 온갖 것을 죄다 알고 두루두루 다방면으로 취미를 가지고 열중하여 그만치 많은 소산이 있게 한다면 즉 자전식(字典式)이 된다면 이상적 인간이라 할 수 있겠지만, 결국 인간이란 유한한 것이니 어떻게 바랄 수 있으랴. 이것도 아니요 저것도 아닌 아무 능률 없는, 남김없이 평범한 인간이 되고 말 것이며 모든 사람이 다 이렇게 된다면 사회는 답보만 하는 우울함에 빠지고 말 것이다.

---

2) 원전에는 '바가라시이' 로 되어 있다.

한 가지에 집착하는 것을 바보라고 생각하는 가장 원만(?)한 재능을 가진 장곡천 씨가 한 가지도 완성치 못하는 다능의 단점을 모를 리가 없을 것인데, 이러한 평을 받게 되는 것을 보면 결국 그도 한 방면에 열중하는 사람 이상의 바보거나 자기 재주를 과신하는 욕심쟁이거나 열정이 없고 의지가 박약한 게으른 낙천가일 것이다.

이러면서도 내 스스로도 때때로 장곡천식 성격이 염치없이 쑥 나올 때가 많다. 남을 바보라고 생각하면서도 끝까지 바보라고 못하는데 장곡천 씨 이상의 게으름뱅인 나를 발견한다.

얼마 전에 여류문사라고 하는 K씨가 머리 깎고 중이 되어 금강산중에서 참선 공부를 한다는 이야기를 듣고 나는 당장에 나의 악벽인 주재 넘은 입술이 들먹거리는 충동을 받았다.

즉 사람이란 속세를 떠나서는 산다는 의의가 없는 것이다. 사람이 있는 까닭에 속세가 있고, 사람이 나면 속세에 사는 것이니 살려고 나온 속세를 왜 버리느냐? 늙어 병들어 무기력한 사람이면 응혹 예사이지만 피 끓은 젊은이가 사람의 생활을 버리고 비인간의 생활을 찾다니……. 무거운 철창 속에서 아주 아무리 엄중하게 갇혀 있는 영어의 몸이라 해도 인적 없는 첩첩산중에 아무것도 가지지 않고 단 혼자 자유롭게 있는 것보다는 편리하다, 라는 말도 있다.

단지 석가님을 숭배 사모하여 중이 되었다면 구태여 삭발위승이 되지 않으면 못 하는 일일까? 석가의 대제자로도 감히 나아가 입을 벌리지 못하던 유마거사도 있나니, 그는 재속(在

俗)하여서 불법의 오의(奧義)를 통달하였으며 석가만치 신통력을 가졌다고 하지 않느냐. 이 세상이 속되고 죄 많은 까닭에 그것을 구원하려고 석가는 도를 닦았다. 즉 중생을 극락으로 인도하기 위하여 대자비의 교를 베푼 것이다. 단지 자기 혼자의 극락을 위하여서가 아닌 것이다. 중생을 구원하려고 산중 선정(禪定)에서 대오(大悟)한 것이 대자바심이었던 것은 지금부터 이천 년 전 일이니까 지금의 우리가 배울 바 아닌가 한다. 아무리 K씨가 인간세속을 떠나 금강산 좋은 곳에서 일여경지(一如境地)에 이르러 대오를 한다더라도 그는 벌써 인간 세속을 떠나서이니 세속에 사는 우리 중생이 쳐다볼 때가 아니다. 그렇지 않고 단지 자기 일개인이 인생과 만물의 무상함과 공(空)임을 느끼고 차라리 극락이나 찾아보리라는 것이라면 그는 스스로 모순됨이 있다. 인간 만물이 무상하고 공이라면 구태여 청승스런 고행을 할 턱이 있나.

"저 죽음이 참 삶이냐, 이 삶이 도리어 죽음이 아닌가 모르겠다. 모르는 까닭에 나는 이대로 살겠다."

라고 노래 부른 사람보다 더 인간의 사명에 대하여 무책임하다. 짧게 말하면

"K씨는 인간적 책임을 회피한 비겁한 사람이다."

라고 말문이 바쁘게 가장 제가 젠 척 막 쏟아져 나오려다가 다음 순간에는 그반 삼삼하게 비소하고 침묵해 버리는 것이다.

"말을 거꾸로 타는 것도 제 멋이지. 당자인 그가 나보다 생각을 덜해서 머리를 깎았을까, 평하기 전에 먼저 이해할지라.

사람이란 자기의 행동을 정당화시키려고 갖은 애를 다 쓰는 동물이니 하물며 영리한 K씨에 있어서야 무슨 생각을 못 했을라고……."

K씨를 알지도 못하면서 갖은 말을 다 해보다가 이렇게 슬그머니 생각이 들고 마는 것이다. 머리 깎고 중이 된 K씨의 용단성만을 도리어 감복하며 장곡천 씨 이상의 불철저한 내 자신의 무열성함이 가소롭다.

(《신가정》, 1934. 10.)

울음

내가 어렸을 때 숙부 한 분이 죽었다. 그때 숙모되는 분은 아직 스물 자리를 한 젊은 여인이었고, 그의 단 하나 혈육은 어린아이였었다. 나의 아버지는 맏형이었으므로 할아버지가 없는 까닭에 일가에 으뜸가는 어른이었었다. 그때 아버지는 개명꾼(開明軍)이라고 남들에게 존경도 받고, 비난도 받아오느니만큼, 재래의 인습을 타파하기에 노력하였었다. 그러므로 숙부가 죽었어도 일체 소리를 내어 우는 것을 엄금하였으므로 누구 하나 감히 울음소리를 내지 못했었다.

더구나 제일 많이 울어야 할 숙모는 현숙한 부인이었으므로 젊은 여인이 제 남편을 죽이고 소리를 내어 울기가 방정맞고, 요물같이 보일까하여 조금도 소리를 내지 않았었다. 그러므로 그 초상은 울음소리 없는 초상이었었다. 아이 어른할 것 없이 가만가만 제 가슴 속으로만 느껴 우는 것이었다. 그 후에도 늘 숙부 생삭이 나면 소리 없이 눈물만 흘렸다. 숙모는 남들 모르게 가만히 혼자서 책상에 팔을 얹고 입술을 다문 채 두 눈을 바로 뜨고 얌전한 여인상을 조각해 놓은 것 같이 움직이지도 않고 앉아서 눈물만 뚝뚝 떨어트리고 있는 것을 나는 여러 번 엿보았었다. 이렇게 소리끼[1] 없이 우는 것을 가만히 엿보는 것이 철없는 나의 가슴에 끝없는 슬픔을 느끼게 하였으며 그 우는 모양에 참 슬픔을 엿보았었다.

"아이고 아이고, 나를 두고 어데 갔나. 나는 혼자 어찌 살고."

하며 소리쳐 뒹굴며 우는 것보다 몇 갑절 더 슬퍼 보이고 또 아름다워 보였었다. 그러나 그 초상을 친 후 이웃 사람들은

"그 집에는 사람이 죽어도 우는 사람이 없더라. 죽은 개새끼나 끌어내듯이 잠잠하니 참 쓸쓸하더구나."

하고 울음소리 없었음을 욕했다. 그러나 나는 누가 무어라고 하든지 에, 소리 내어 우는 것은 싫었다. 남에게 보이고저 슬퍼하는 것이 아니고 내 스스로가 슬픔에 못 이겨서 우는 것이라면 구태여 소리 내어 울어야만 한다는 것은 우스운 일이다.

눈물에도 여러 가지 종류가 있기는 하지만, 나로서는 눈물의 정의를 내리라면

'눈물이란 슬픔이 극에 달하였을 때 흐르는 것으로, 사람이

---

1) 전혀 아무런 소리가 없는

울 때는 선악인임을 구별치 않고, 가장 슬프고, 또 참된 순결한 맘일 것이다.'

라고 서투르기는 하나 이렇게 말하겠다. 그러나 나는 좀처럼 울지 않는다. 아니 울 줄을 모른다. 사람이 울 때는 그 맘이 가장 아름답고 순결하다,라고 하였으니, 나는 울지를 못하느니만큼 아름답고 순결한 맘을 가져보지 못함이 된다고 하겠다.

그러나 비록 울지는 못하지만, 우는 그것에 대하여는 무한히 동경한다. 내 맘에 드는 경치를 바라보며 두 눈에 슬픔을 가득히 고여 입술을 다문 채 소리끼 없이 울어보고 싶다. 아니 소리끼 없이 눈물만 흘려보고 싶다. 그러나 이것은 내 맘이요, 실지로는 눈물이 임의로 흘려지지 않으므로, 남이 우는 것을 볼 때는 내 모든 것을 희생해서라도 동정하고 싶어진다. 이 세상이 허위와 죄악으로 충만해 있는 것이면 오직 그 눈물만은 누가 흘린 것이든 간에 진과 선과 미를 갖춘 것이라고 나는 생각할 때가 많다. 만일 내가 눈물에 속아서 나에게 큰 해로움이 있더라도 나는 조금도 후회하거나, 그 눈물이 거짓으로 흘린 것이로구나 하고 원망하고 싶지 않은 것이다. 내 맘이 아주 순결하고 아름답고 슬프고 할 때가 있는 줄 스스로 느낄 수는 없지만, 눈물이 흐르지 않으므로 다른 사람이 울 때는 내 맘의 순결과 슬픔의 몇 백 배에 달했음을 믿는 까닭이다.

그러므로 나는 일생을 눈물 흘리지 못 해보고 죽는가 했었다. 그러나 지난 십이월에 내 아버지가 죽었을 때, 비로소 눈물이 났다. 눈물 뿐 아니라 내가 가장 싫어하던 소리를 내어 울었다. 예의도, 염치도, 이지도, 교양도 다 문제가 되지 않았다. 어디서인지 소리가 터져 올라 내 입으로 거쳐 나오고 내 눈에는 폭포같이 눈물이 흘러내렸다. 그때 내 울음은 세상의 무엇으로도 막을 수는 없었다. 이 울음이 진정될 때 나는 문득 생각했다. 숙부가 죽었을 때, 울음소리 없음을 욕하던 것도 일리가 있는 것이며, 조용히 소리끼 없이 우는 것도 보통 슬플 때일 것이다. 그리고 순결이라든가 참되고 선함이라든가 하는 것도 이러한 때 솟아나는 감정일 것이다. 슬픔이 극에 달하여 다시 한 걸음 넘어서면 슬픔에 자아를 잃어버리고 슬픔이 슬픈 것이라고 슬퍼할 줄도 모르고 그저 울게만 되는 것이다, 라고 느꼈었던 것이다.

(《중앙》, 1936. 4.)

3
금잠

자수/금잠/슈크림/매화/기차/카르켓/차표/일 이등객/금계납
촌민들/철없는 사회자/여성단체의 필요/사명에 각성한 후

자수

동네 집 처녀가 옥양목 쪽을 가지고 와서
"주머니꽃 그려 주시요."
하고 왔다. 본래부터 잘 그릴 줄은 모르나, 배운 솜씨로 하는 자수 밑그림쯤이야 그대로 어울러 놓을 줄 아는지라, 그까짓 옥양목쯤에야 사양하면 도로 우습고 하여 섭적[1] 응낙하고 먹을 갈아 제법 멋들어진 도안으로…… 라고는 하고 싶으나 그렇지도 못하고 그저 자수하기 쉽도록 한 편은 매화를 그리고, 한 편은 연을 그려 처녀 앞에 밀어놓은 후 이 다음 비단 헝겊을 가지고 오면 아주 좋은 그림을 정신 들여 그려주마 했다. 처녀는 아주 감복하는 듯한 표정으로 이리저리 만져보며

1) 대수롭지 않게, 간단히

"참 고맙심더."

라고 몇 번이나 치하했다. 나 역시 조그마한 수고거리도 못 되는 노력으로 남을 이같이 기쁘게 하여 주었음이 그리 불쾌한 것은 아니었다. 그래서 득의만면 비슷한 얼굴 그 위에

"이 다음은 더 잘 그려주마. 이까짓 것이 무엇 그렇게 잘 그렸다고 그래……."

하고 제법 듣기 좋게 대답까지 했다.

그랬더니 처녀가 이윽히 그림을 이리저리 만지작거리고 난 후 조금 얼굴이 불그레해지며 입을 떼기 주저하고 부끄러운 태도를 지었다. 나는 아주 영리한 사람처럼 얼른 알아채고 처녀가 무슨 말을 하고자 하는가를 알려고 그의 두 눈을 바라보았다. 처녀는 몸을 비비 꼬며

"왜 나비는 안 그려주는 기요."

한다. 나는 갑자기 하하 웃고

"그러면 진작 말하지, 무엇이 부끄러워."

하며 다시 옥양목 쪽을 받아 들었다.

그러나 그린 그림이 모두 나비를 그리지 못할 매화와 연화이니 처녀 맘을 만족시킬 수 없어 다시 돌려주며

"이 애야, 매와 연에는 나비를 그리면 격이 아니다. 이 다음 다른 꽃을 그리거든 나비를 네 소원대로 그려주마."

하고 달래었다.

"한 마리만 꼭 여기 그려 주시요."

하며 격을 찾는 내 말은 들은 척도 않는다.

"이 꽃에 나비를 그리면 다른 사람이 웃는단다. 나비를 그리면 더 고울 줄 아니?"

"아이고, 그래도 이만치 고운 꽃에 나비가 없으면……."

하고 처녀는 부끄러워는 하면서도 빡빡이 조른다. 나는 하는 수 없이 내 보자기에서 옥양목 쪽을 끄집어내어

"정말 나비를 소원하면 여기 다른 그림을 그려 주마."

하고 온갖 친절을 다 보였다. 그러나 처녀는 당치 않다는 표정으로

"싫어요, 다시 그리면 이만치 곱게 못 그립니다. 아무 꽃이면 무슨 상관있는가요, 꼭 한 마리만……."

한다. 나는 할 수 없어

"그러면 그려주마. 다른 사람보고 나 그렸다고 하지 마라."

하고 매화에다 나비 두 마리를 그려 주었더니 처녀는 기쁨을 금치 못해하며 돌아갔다.

처녀가 돌아간 후 벼루를 치우며 생각하니 옥양목에라도 자수만 하면 꽃주머니라고 귀하게 여길 그들에게 격을 찾는 내가 고소되어 한참 웃었다.

(《현대조선여류문학전집》, 1937. 4.)

금삼金簪

"여보, 당신은 혼자 목비녀를 꼽고 있으니 재미적구려."

하고 모이는 친구마다 핀잔을 주고

"나 혼자 가지기 미안하다, 아가도 하나 사 가지요."

하고 올케언니가 권하고,

"형님도 하나 사세요, 보기 안 됐어요."

하고 종매들이 권하면, 나중에는 어머니 숙모들까지 권하므로 오래 돌보지 않았던 것을

"그러면 하나 사 볼까……."

하고, 아니 바로 말하면 야릇한 여인의 심리가 움직여

"백 원만 가지면 될 것을……."

하고 나도 금비녀 사기를 작정하게 되었었다.

그러나 혼자 있을 때 생각하면

"백 원을 가지면 내가 우선 보고 싶어 하는 서적을 몇 권이라도 사 볼 수 있을 것인데……"

하는 생각이 들어 그래도 얼른 사지 않고 있었다.

그 후도 늘 핑계하여 말하면, 모두들 권하는 바람에 마음이 또다시 움직여

"어머니, 금비녀 사기보다 서적을 사는 게 얼마나 더 효녀가 되지요?"

하고 물어봤더니 어머니는 물론이요, 모두 반대를 하고 논박을 하는데 정신이 암암할 지경이었다. 이후부터는 점점 모두 적극적으로 조르는 까닭에, 아니 차차 목비녀 꽂기가 좀 섭섭하게 느껴지기까지 충동을 받게 되어

"그까짓 것."

하고 돈에 애착심 없기로는 누구보다 밑지지 않을 만치 쓰고 싶어 껄떡대는 나인지라

"돈이 아까워 안 사는구나."

하는 말이 듣기 싫어서 하나 사겠다고 말해 버렸다. 그러나 대구까지 사러가는 도중에서 또 맘이 변하여 그 돈으로 서적을 사버리든지 하면 집안사람에게 졸리기 그 귀찮고, 또 목비녀 꽂고 가서 금비녀 사기도 부끄럽고 해서 누구든지 사겠다고 말하는 즉시 얼른 사다 주었으면 했더니 그날 II기 시기지고 왔었다. 나는 얼른 받아 농 안에 집어넣고 얼굴이 나도 모르게 새빨개졌다.

나이 어릴 때 비범하던 사람들, 원대한 포부와 이상을 열렬이 논하던 사람들이

'내 언제 그런 때가 있었던가?' 하는 표정으로 현실생활 속에 깊이 타협하고 마는 평범해져 버린 사람들이 옛이야기 같이 자기의 비범했던 옛날을 하하 웃어버리며 소부르주아적 안일에 빠져 있음이 무슨 인생을 달관이나 한 듯이 살고 있는 사람들을 볼 때, 새삼스럽게 쓸쓸하여 한탄하던 내가 반성되었다.

아무런 핑계가 있더라도 금비녀를 사고 말은 내가, 누구에게보다 나 자신에게 부끄러움을 느끼지 않을 수 없었다. 조금 있다가 다시 농문을 열고 비녀를 내어보았다. 분명히 조그마한 금 뭉치는 나를 조소하고 있었다. 돈 백 원이 커서 그렇다기보다, 단 일전이라도 내가 내 겉 몸뚱어리를 장식하려고 한 그 얕은 허영심을 가진 자신에 염증을 느꼈던 것이다.

"이러구러 한 가지씩 한 가지씩 평범해버리고 퇴보되어 버리고 낙오되어 버리고, 그리고 죽고……."

나는 중얼거렸다.

"저렇게 좋아서 자꾸 내어 볼 것을 왜 바로 안사겠다고 야단이었노……."

하고 물끄러미 금비녀를 바라보고 서 있는 나를 모두들 놀려대었다. 그들은 내가 좋아서 자꾸 보고 서 있는 줄 여겼음인지 무슨 승리나 한 듯이 웃었다.

"여자란 아무래도 허영이 많다는 거야."

H까지 입을 넣는다. 나는

"응? 그래…… 좋은가 보다."

하고 패전자같이 기운 없이 농문을 닫았다. 부끄러워 얼굴이 화둑화둑 타며.

(《현대조선여류문학전집》, 1937. 4.)

슈크림

별써 신혼이라는 그러그러한 때가 저 먼 옛날 같이 되어 버린 이때에 새삼스럽게 달콤하고 아기자기한 신혼 여행기를 쓰라는 명령을 받고 펜을 들게 되니 공연히 웃음만 납니다. 대체 쓸 만한 꺼리가 기억에 남아 있어야 될 터인데 잊어버렸는지 또는 눈을 감고 여행을 했는지 좌우간 여행기가 될 만한 것이 생각나지 않습니다. 여행기가 아니라 그저 생각나는 대로만이라도 쓴다면 다음과 같은 운치 없는 말 뿐입니다.

채 길지도 못한 단발머리를 겨우겨우 싸 묶어 가지고 긴 치마에 얌전을 빼물고 시댁에 가서 이마에 손을 얹고 큰절을 할 때 머리꽁지 나올까봐 조마조마 애를 쓰며 한 번 절하고는 곁에 선 피 씨(彼氏)[1]를 바라보고

1) 저 사람

"꽁지 안 나왔소?"
하는 표정으로 머리 뒤에 손을 대어 보이면
"아직 염려 없다."
는 눈끔쩍이[2]를 해주면 겨우 안심하고 또 한 상 절을 하는데, 절 받겠다는 사람은 왜 그리 많은지 삼십여 상 절을 계속하고 나니 웬만히 심신이 피로해졌을 텐데 그 위에 거창스런 하루를 묵게 되었으니 예법이고 깻묵 뭉치고 간에 그저 평퍼져 두 다리 쭉 뻗고 뒹굴고 싶은 마음이 굴뚝같았습니다.

그 이튿날에야 비로소 신혼여행인가 무엇을 간다고 좋은 곳 다 버리고 하필 대판(大阪)[3]으로 길을 나서 현해탄 위에 둥실 뜨고 보니 무슨 큰 시련이나 겪고 난 다음 같이 갑자기 명랑해져서 참으로 가뿐하고 시원하더군요.

그런데 왜 구태여 시골뜨기 때를 못 벗고 대판으로 가게 되었나 하면, 공업과 상업 외에는 아무것도 없다는 아버지의 의견으로서는

"경치 좋은 곳에 가면 뭣하나. 대판 ××공장, ××회사, 무엇무엇 그것은 다 한 번 씩 참고로 보아둘 만하다. 우리 조선 사람 손으로는 밥 짓는 솥 하나 경편하게 만들 줄 모르니."
하고 젊은이들 마음을 이해할 줄 몰라주시니 차마 노인의 의견을 반대할 수 없었던 것이었어요.

"그러지 말고 도쿄(京都)나 나라(奈良)쪽으로 갑시다."

---

2) 눈을 깜짝거려 보내는 신호
3) 오사카

연락선에서 이렇게 제의하는 피 씨의 말에 못 이긴 체는 하였으나 속으로는 부척 반가워, 도쿄로 가자는 약속을 하였는데 하관(下關)[4]에서 채플린의 「거리의 등불」을 대판 일본전통 공연장[5]에서 상영 중이란 신문광고를 보고는 또다시 약속을 집어치우고 좌우간 대판에 먼저 하차하기로 했습니다.

대판에 내려 「거리의 등불」을 보고나니 욕심은 그대로 남아 있는지라 곧 아버지의 지기요 대판 상공계 중견인 ××씨를 찾아 자세한 이야기를 들어 3일간 잘 견학해 보라고 권하던 아버지에게 후일 사죄거리를 장만한 후 그날 밤 즉시 대판을 떠났습니다. 쿄도에서 내리려던 것도 차에 올라 조금 종알거리는 판에 당도하고 말았으므로 내리기가 싫어 그대로 기차 닿는 곳까지 뻗쳐버리자고 한 것이 동경(東京)이다.

"신혼여행을 동경으로 간다는 것은 촌놈이니 이왕 뻗치는 길이면 더 미끄러지자."

고 닛코(日光)까지 가고 말았습니다.

"백설이 나리는 닛코를 가보는 것은 신애의 성이 백白가니까!

라는 피 씨의 말이 그럴듯했습니다. 정말 일광에 가보니 틀림없이 백설이 만건곤이요, 만악(萬岳)에 때 아닌 백화가 만발해 있었어요. 나 역시 시인은 아니지만 한 마디 화답이 없을 수 없어

---

4) 시모노세키

5) 원전에는 '가부키(歌舞伎)'로 되어 있다.

"백설이 내려 때 아닌 백화가 만발했네. 아마도 이화(梨花)인가 보다."

했더니, 이(李)가인 피 씨 잠잠하였으나 속으로는 그럴듯한 모양이었어요.

요란하게 자동차 폭음을 내서 설운이 자욱한 골짜기를 천길 만길 내려다보며 중선사호(中禪寺湖)로 구름을 헤치고 올라갈 때 우화이등선(羽化而登仙)인가 싶던 것 외에는 닛코의 승경 가지가지를 아무 감흥 없이 보고 말았습니다. 피차 닛코는 첫 걸음이 아니었던 까닭인지는 모르나 이때에 가본 닛코는 그저 평범한 곳으로 밖에 기억에 없습니다.

그러나 지금 생각하면 하나 기념될만한 것이 있었습니다. 이 여행을 마치고 돌아온 후 슈크림을 먹기는커녕 보기도 싫어진 것입니다. 어떻게 해서 그렇게 되었느냐 하면 닛코역에 내려 잠깐 찻집[6]에 들어갔을 때 내가 슈크림을 청했더니

"그것이 무슨 맛이 있어?"

하고 묻는 것을

"나는 퍽 즐겨요."

하고 대답했더니 그날 밤 닛코호텔에서 없다는 슈크림을 일부러 사람을 시켜 닛코역까지 가서 한 상자를 사 왔어요.

"자, 실컷 먹으시오. 일부러 당신을 위해 먼 데서 사온 것이니."

하며 갓근스럽게[7] 정성껏 권하는 바람에 한두 개면 넉넉한 것

---

6) 원전에는 '끽다점(喫茶店)'으로 되어 있다.

7) 매우 친절하게

을 이럭저럭 자꾸 집어먹이니 그 정성을 무시할 수 없어 제법 맛있는 척하고 먹어대지 않을 수 없었습니다.

"내일 또 먹겠어요. 더 못 먹겠어요."

하고 겨우 거절을 하면 그 편은 내가 체면이나 하는 줄 알고 자꾸 권하니 그런 딱한 노릇이라곤 없었어요. 하는 수 없이 한 자리에서 열 개를 계속해 집어넣었더니 지금까지라도 슈크림이라면 머리가 흔들립니다.

"묵턱대고 먹으라고만 권하는 것은 야만적이에요."

하고 지금이라도 간혹 싸움 밑천 삼아 들먹거리면

"내야 체면으로 권했지만 당신의 위 주머니도 상당히 야만적이던데."

하고 비꼬니 내가 체면 차려 억지로 먹은 줄은 모르는 심판입니다.

좌우간 허니문은 아무 데나 되는대로 갈 것입니다. 좋은 경치고 뜻 깊은 곳이고 무어고무어고 다 소용 없는가 합니다. 왜 그러냐 하면, 어느 겨를에 외계경치 구경을 합니까?

그런 까닭에 신혼여행에는 산을 보나 바다를 보나 꽃을 보나 무엇에든지 아무 감흥도 인상도 없다고 그저 이렇게 우물쭈물 쓰다마는 것이 옳겠지요.

(《삼천리》, 1935. 4.)

매화

내가 사숙하던 K씨 댁 정원에 늙은 매화 한 나무가 있었다. 이 나무로 말미암아 재미스런 에피소드가 많았었다.

원래 나는 꽃이란 것을 좋아하지 않는 성미인지라 꽃에 대하여 관심을 가지지 않았으므로 K씨 댁에 가서도 처음은 별로 넓지도 못한 정원에 속 시끄럽게 여러 가지 나무가 서 있는 것이 맘에 즐겁지 않았고 또 흥미도 가지지 못했었다.

그러므로 이른 봄이라 해도 아직 겨울바람이 그대로 남아 있는 때, 홀로 피어 있는 매화를 보기는 하면서도 별 느낌이 없었더니

"퍽 곱게 폈지요? 당신은 매화를 좋아하지 않습니까."

하고 어느 날 K씨 부인이 나에게 정원의 매화를 가리켜 보였

으므로 그 때 비로소 새삼스럽게 매화를 바라보게 되었었다.

"별로 좋은 줄은 모르겠어요. 엽(葉)이 없으니까 꼭 조화 같습니다."

하고 나는 솔직하게 직감을 말했다. 부인은 내 말이 의외라는 듯이 잠깐 잠잠하더니

"실례의 말이지만 꽃의 아름다움을 느낄 줄 모르는 이가 어떻게 예술이니 문학이니 하고 다닙니까?"

하고 농담도 아니고 정색도 아닌 일종 비꼬는 어조로 이렇게 말했다. 이러한 말을 듣고 속이 평온할 수 없는 나인지라 한마디 응수가 없을 수 없었다.

"나는 왜 그런지 매화를 보니까 S군이 연상되는데요."

했다. S군이란 아주 '모던보이'인데 이 청년은 독와사(毒瓦斯)[1]에 대하여 다른 생물보다 이백 배나 감각이 빠르다는 '토마토'처럼 계절에 대한 감각이 남 몇 배나 빨라서 여름에도 동복 입고, 매화도 채 피기 전에 봄옷 입고 단장 짚고 나다니므로 보는 사람으로 하여금 오한이 들게 하는 분이다. 나는 다시 말을 이어

"따뜻한 봄 다 두고 혼자 잘난 척 벌벌 떨면서 잎사귀 하나 없이 필게 뭐예요. S군과 같이 계절에 너무 예민하여 병적이라기보다 광狂에 가깝게 보여요. 그와 반대되는 국화도 못난이지요. 뒤늦게 부스스 피어 서리를 맞아 가면서도 한창이라

1) 독가스

고 피는 게 꼭 학대받고 천대받으면서도 히, 웃는 천치 바보나 마찬가지에요."

했다.

"국화는 천치요, 매화는 예민하여 광이랄 수가 있다고? 그 말에 나도 찬성해 볼까."

하고 K씨가 중간에서 내 편을 드는 척 하니 부인은 못 참겠다는 듯이

"당신이 그렇게 고식적(姑息的)이니까 집에 오는 이들도 모조리 평범해요. 아름다운 매화를 보고 연상되는 것이 얼간망둥이 S군이라니 말이 되는 거요. 인간사회에 발전과 평화를 가져오려고 남 먼저 일어서 부르짖는 여러 위인 선각자들은 모르시요? 매화는 잠자는 일만 화초에게 바야흐로 봄이 옴을 알려주는 아름다운 선각자에요. 그리고 국화도 서리와 찬바람이 아무리 학대하고 천대한대도 자기의 절개를 지키고 피어 있는 것이 천치로만 보이나요? 나는 선각자에 비하고 싶어요."

부인의 음성은 높아갔다.

"매국(梅菊)이 다 조춘에 피어 만추까지 있다면 모르거니와, 일찍 핀 놈 일찍 죽고 늦게 핀 놈 늦게 죽는데 무슨 별 가치가 있다는 거요?"

K씨도 일부러 부인에게 지지 않으려는 척했다. 나는 신경질인 부인이 정말 노하고 말 것 같아 보이므로

"매화가 만화의 선각자란 의미에서 찬미하고 싶습니다. 봄을

재촉한다면 얄밉지요 마는, 나는 세월 빠른 것이 제일 싫어요."
하고 S군을 연상했다는 것은 너무 피상직이있다고 부인에세 항복해 보였다.

그때 하녀가 차를 가지고 들어와 조용히 각기 앞에 따라 놓았다. 찻잔에는 다 핀 매화가 한 개씩 떠 있었다.

"저도 부인의 말씀에 동의합니다."

하녀는 공손히 물러앉으며 말했다.

"어머, 풍류가 있네."[2)]
하며 부인은 영리한 하녀를 칭찬했다. K씨도 미소하며 매화 뜬 찻잔을 들었다.

(《중앙》, 1936. 1.)

2) 원전에는 'アラ, 풍류(風流) ネ'로 되어 있다.

기차

— 정거장 4제 · 1*

나는 시골뜨기라 그런지 연전에 한 번 택시에 치여서 백주대도(白晝大道) 상에 쭉 뻗고 하마터면 영 잠을 자고 말 뻔했던 기억이 사라지지 않아서 그런지는 모르나 좌우간 자동차라면 맘에 그리 탐탐치 않다.[1)]

더구나 대구처럼 '아스팔트'를 깔지 않은 길을 걸을 때 마구 먼지를 휘날려 사람들 숨통을 막히게 해놓고도 한 마디 사과도 없이 태연히 달려 가버리는 밉살스런 자동차의 번들거리는 궁둥이란 못 참을 것의 하나이다. 그뿐 아니라 설령 내가 턱 버티는 때라도 맘이 편치 못하기는 끝이 없다. 비록 체면 유지하느라고 젖히고 앉았기는 하지마는 나의 고통을 참는 마

* 「정거장 4제」는 편집 의도상 기차, 카르켓, 차표, 일이등객으로 나눠 싣는다.

1) 탐탁하지 않다.

음(苦勞性)은 그저 사람을 칭구워[2] 넘길 것 같고 곱게 차려둔 상점 같은 데 쫓이들어 갈 것 같아 그저 가슴이 조마조마한데다가 길 걷던 사람들이 먼지를 덮어쓰고 내가 탄 자동차 궁둥이를 눈을 흘기고 원망할 것을 생각하면 영영 자동차 탈 마음이 없다.

그러나 자동차에 비하여 기차는 단연히 그렇지 않다. 한 번 올라앉으면 맘이 편하고 든든하다. 첫째, 길 가는 사람들에게 먼지도 씌우지 않을 뿐 아니라 자동차처럼 되는대로 그저 아무 골목이나 막 털어놓고 쫓아다니는 그런 무례막심한 류가 아니다. 한 번 꽥꽥 소리만 지르면 백사만사 다 제지하고 그저 달아난다. 어디까지든지 두 줄기로 정답게 뻗쳐 있는 레일 위를 티끌만한 장애도 없이 절대의 특권을 가지고 저 혼자만 달려가는 그 유쾌함이야 감히 자동차 같은 소배(小輩)들에게 비할 바리오.

일분 일초의 에누리도 사정도 없이 울며 잡는 수많은 소매들을 다 떨쳐버리고 간다면 가버리고야 마는 그 용단성(?)이야 얽매여 사는 인간들에게는 얼마나 부럽고 통쾌한 존재이랴. 그뿐 아니라 거만스럽고 건방진 친구들에게는 다시없는 교우의 하나가 되는 기차님이다. 제 아무리 제라는[3] 양반신사라도 기차시간만은 어기지 못한다. 기차를 □ □ □[4]

---

2) 자동차 같은 탈 것들이 사람을 들이받는 행위

3) 나입네하는

4) 원전에는 '털구령' 으로 되어 있다.

"어 조금만 일찍 왔다면."

하고 스스로 후회는 할지언정 기다리지 않고 가버렸다고 기차를 욕은 하지 않는다.

나는 어느 날 오뉴월 황소같이 생기고 하루가 '엿' 같고 파리 잡이 풀같이 누진한 표 서방(表書房)이 '풀 스피드'로 정거장으로 달려가는 것을 보았다. 표 씨는 길을 걸을 때 두 팔 흔들기도 힘이 든다고 그저 내려트린 채 대링궁 대링궁[5] 걸어다니며 두 눈도 일상 보아도 삼분지 일 밖에 뜨지 않는 아주 초만만적 인물이다.

기차는 이 표 서방에게도 달음박질을 시키는 절대의 위엄을 가진 유쾌하고도 용기 있는 영웅이다.

그뿐 아니라 '후미기리'[6]를 지날 때 좌우로 사람이 비켜 서 있는 것을 볼 때나 정거장 안에 쑥쑥 들어가면 금테짜리 영감 이하 꼭 바로 서 손을 들어 모자 채양에 대고 인사하는 것을 볼 때, 나는 제 이 세의 '돈키호테'가 되려고 하는지는 모르나 모두가 나 하나 행차를 위함이나 다름없는 것 같이 '플랫폼'에 내려서며 어깨를 M자형으로 치켜들었다면 모두 웃을 것이다.

---

5) 걸을 때 팔을 거의 흔들지 않아 어색하게 움직이는 모양새.

6) 철도건널목

카르켓[1)]

— 정거장 4제 · 2

무슨 장(長) 자가 붙은 사람의 부인쯤 되어 보이는 여인 한 분에게 손을 이끌린 어린아이가 대합실 안에서는 제 치장이 제일인 것이 아주 우쭐해 하며

"어머니, 카르켓 하나."

하고 손을 벌렸다. 여인은 얼른 실주머니에서 과자 한 개를 내어 아기 손에 쥐이려다가 잘못하여 땅에 떨어트리고 말았다.

"아이고나."

아기는 폴짝 뛰어 집으려했다.

"더러워. 몬지[2)]가 묻었어."

---

1) 그 당시 과자 이름인 듯함.

2) 먼지

하고 또 한 개를 다시 내었다.

"응 그렇지?"

아기는 다시 쥐여주는 과자를 다른 아이들 식욕을 충동이나 하듯이 바삭바삭 먹기 시작했다.

그때 어디서 보고 왔는지 거지 아이 하나가 급히 달려와 떨어진 과자를 집으려 했다. 그 순간 여인은 모르는 척하며 한 발을 과자 위에다 슬쩍 놓으며 바시삭 소리를 내어 유린하고 말았다.

거지는 하마터면 밟힐 뻔한 손을 움칫하며 물러서 여인의 발을 안타깝게 꼭 내려다 본 후 과자 먹는 아이의 입술을 바라보았다.

곁에서 보고 있는 내 맘은 몹시 불쾌했다. 그러나 만일 그 여인이 떨어진 과자를 밟아버리지 않고 집어서 거지에게 주었다면 밟아서 버린 그 이상 더 불쾌하였을 것이다. 아무리 거지아이지마는 떨어진 것을 차라리 먹이지 않는 것이 나으려니, 라는 그런 호의로서 밟아버린 그 여인이 아님을 확실히 느낀 바이다.

차표

— 정거장 4제 · 3

"자, 채레로[1] 서 하소. 요보, 뒤에 갓소.[2] 앞에 작고 나와 안 데겠소."

일본 내지사람 역부는 차표를 사려는 사람을 일렬로 늘여 세우려고 애를 썼다.

"내 조금 할 말이 있소. 잠깐만."

갓 쓰고 망건 쓴 촌양반 한 분이 자꾸 출찰구에 덤벼들었다.

"요보, 안 되겠소. 마리[3] 무슨 마리, 뒤로 가!"

"아니 잠깐."

"안 돼 가, 가."

---

1) 차례

2) 가시오

3) 말

역부는 양반의 어깨를 떠밀었다.

“허 그 양반 정신없구나. 표 파는 사람에게 무슨 이약[4]이요.”

표 사려던 젊은 사내가 비웃는 말을 붙였다. 양반은 갓을 고쳐 쓰며

“아니 공교히[5] 돈이 한 일 전 모자라서.”

하고 애처로운 시선으로 출찰구를 바라보았다. 젊은이는 벌써 양반이 한 말이 무엇임을 알아채고

“허허 참, 그 양반 전라도 무주구천동 사다 왔구려. 쇠통 정신없구나.[6] 당신, 차표 에누리할 작정이오. 에, 이 양반.”

하고 놀려대는 판에 표 사려던 사람들은 모조리 웃었다.

“아니, 에누리가 아니라 단 일 전이 모자라니까.”

또다시 모두 웃었다. 양반은 얼굴을 조금 붉혀서 그래도 단념하지 못했는지

“단 일 전이 모자라는데 이렇게 큰 장사하는 기차장수가 그까짓 것을 가지고 시비할까.”

하며 중얼거렸다. 나는 그 정상이 딱해서

“여보시오, 어디까지 가세요?”

하고 물어보았다. 불과 십팔 전이면 가는 ××까지였다. 나는 표 한 장을 사 가지고 양반에게 주려고 돌아섰다. 양반은 한

---

4) 이야기

5) 공교롭게

6) 전혀 정신이 없구나.

편 구석에 서서 주머니를 뒤지고 있는데 그의 손발 사이에서 일 원짜린 듯한 지폐 한 장이 보인다.

나는 그 자리에서 차표를 찢어버리려다가

'아니다. 모처럼 들어간 일 원짜리다. 단 일 전에 그 돈을 헐기가 얼마나 안타까울까.' 하는 생각을 하며 그 손에 차표를 쥐여 주고 개찰구로 달음질하여 나오고 말았다. 뒤에 생각하니 대단히 싱거운 나임을 깨달았다.

일 이등객

— 정거장 4제 · 4

일 이등 대합실에서 쉬는 사람이면 다 일 이등 차를 타는 것이 아니다. 어떤 때에는 일 이등객은 문 밖에 서게 되고 삼등객의 너절한 친구들에게 대합실은 점령되고 마는 때가 간혹 있다.

이런 때면 역부가 실내를 정리한다.

"저리 가, 저리 가."

조선 사람인 그이지만 역부는 오십 음도(音圖)[1]로 발음하는 것으로서 위엄을 내려는 듯했다.

아래위로 인조견을 번쩍거리며 속옷에 함북[2] 풀을 먹여 와그작 와그작 소리를 내며 검정 고무신에 두꺼운 무명 버선을

1) 일본의 가나문자를 모아 세로로 다섯 자, 가로로 열 자씩 나란히 세워 그린 표.
2) 함빡

담아 신은 한 떼의 할머니들이 히히히히, 웃으며 몰려가고 뱃심 없고 양심 바로 가진 순진한 분들은 나시금, 다시금 쫓겨나간다.

"당신도 저리 가."

역부는 소파 한가운데 어깨를 올리고 앉아 있는 사람 앞에 가 섰다.

그 사람은 때 묻은 샤쓰에 오십 전짜리 '캡'을 젖혀 쓴 룸펜 씨였다.

"어서 저리 가, 저리 가."

역부는 재촉했다. 그러나 룸펜 씨는 까딱하지 않고 태연히 앉아 있었다. 역부는 쫓아낼 길이 없는지

"당신 차표 좀 봅시다. 여기는 일등, 이등차를 타는 손님 밖에는 앉지 못하오."

하고 기어이 쫓아낼 계교를 편다.

"차표를 이제 본담. 그 친구 정신 빠졌구나. 여기가 기차가 아니오. 차표 조사는 또 왜."

하고 딱 들이받았다. 역부는 대답할 말이 생각나지 않는지 그저 무턱대고

"저리 가."

하고 호령을 했다.

"어데로 가란 말이요?"

그때에 룸펜은 '캡'을 벗어들었다.

그러나 그 표정은 살기를 품은 것이 완전히 나타났었다.

"삼등 대합실로 가."

"왜?"

룸펜의 말소리는 조용하고 저력 있는 음성이었다.

"여기는 일등 대합실이다."

"그런데 왜?"

"왜가 뭐야. 가."

"가가 뭐야. 왜?"

"잔말 말고 저리 가."

"잔말이 뭐야. 왜?"

"그래도 안 갈 텐가."

"응, 이 양반이 공연히 사람을 웃기는구나. 왜 작고[3] 가라는 가요?"

"일등 손님이래야 여기 앉는 거지."

"뭣이 어째. 헤 참 자꾸 웃기는구나. 그래 저기 앉은 저 색시도 일 이등 손님인가. 구태여 나만 왜 그래?"

룸펜 씨 가리키는 편에는 머리때 묻은 인조견 저고리에 가짜 금비녀를 꽂은 술집 작부인 듯한 색시가 얼굴을 붉혔다.

"정 안 갈 테야? 그렇게 앉고 싶거든 옷이나 좀 깨끗이 입고 오너라."

역부는 고소를 감추어 이렇게 말했다.

"헤헤, 그 말 잘 했구나. 야 이 친구, 어느 빌어먹을 녀석이

---

3)자꾸

새 옷 입고 여기 앉으러 오겠느냐 말이야. 자, 봐라."

룸펜 씨는 벌떡 일어서며 주먹으로 소파를 쾅쾅 두들겼다. 소파에서는 더러운 먼지가 풀씬풀씬[4] 일어나며 남색 비로드에 깐 소파는 먼지투성인 속판을 폭로시켰다.

"자 이만하면 말 다했지 뭐야. 내 옷이 암만 더러워 보여도 이 걸상보다는 깨끗하다."

룸펜 씨는 자기 가슴을 쾅쾅 두들겨 보이고

"당신은 나를 더럽다고 나가라지만 나는 걸상이 더러워 피해 나간다. 얼른 말이야."

하고 그는 가가대소하며 궁둥이를 툭툭 털며 나가버린다.

(《삼천리》, 1935. 10.)

---

4) 풀썩풀썩

금계납金鷄納[1)]

새로 이사 온 우리 집 뒤에 조그마한 봇도랑이 하나 있는데 사시로 끊임없이 직경 이삼 인치쯤 되는 펌프에서 나오는 물만큼 흐르고 있다. 이 봇도랑에는 원근을 물론하고 빨래하러 오는 사람이 많다. 아니 이 근방에서는 유일한 빨래터이다. 그러므로 언제든지 방망이 소리가 끊이지 않는다. 나는 빨래가 모이면 귀를 기울여 방망이 소리가 없는 틈을 타서 쫓아가 제일 물 위, 좋은 자리를 점령하는 것이었다. 언제나 이러하므로 어느 날은 나와 인사 없는 한 여인이,

"저 새댁이는 언제나 제일 좋은 자리만 차지하더라."

하고 빈정대듯 말을 했다.

---

1) 감기, 독감기, 장질, 별복증, 학질, 한열증, 몸살, 허약증 등에 복용하던 약 이름으로 어을빈이 만들었다고 한다.

"먼저 오니까 늘 좋은 자리에 앉을 수밖에……. 누가 남이 앉은 것을 억지로 빼앗아 앉았는가요."
하고 딱 받아 주려다가 그대로 참고 싱긋 웃고
"이 자리에서 빨래하고 싶거든 잠깐만 기다리시오. 곧 끝이 납니다."
했다. 이렇게 호의 있는 내 대답을 들은 척 만 척하고 그 여인은 내 바로 곁에 앉은 다른 여인을 보고,
"저 새댁이는 요새 처음 보는 새댁인데."
하고 묻는 말씨는 분명히 나에게 무슨 반감을 가진 빛이었다. 나는 그 여인에게 반감을 가지게 한 것이 무엇임을 대강 짐작하는 바였다. 첫째, 그 봇도랑에서 옛날부터 오늘까지 수없이 빨래하는 여인네들이 한 번도 입고 온 적이 없는 털 재킷을 입고 있는 것, 그들의 눈으로는 값이 많은 듯한 반지를 끼고 있는 것, 누구하고도 살림살이 이야기 같은 것을 하지 않는 것. 둘째, 어딘지 좀 건방지게 보이는 것들이 모두 그들에게 공연히 반감을 가지게 한 것인 줄을 나는 자신하였다.

그 여인은 눈과 입술로 곁의 여인에게 동네에 꼭 하나 있는 술집 작부가 아니냐고 묻는 듯한 것을 나는 공기의 촉각으로 알았다. 곁에 여인네는 아주 놀라며,
"아이고 이 여편네가 미쳤구나. 정신 빼서 남 주었구나. 새로 이사 온 ××댁 아이가."
하고 나를 돌아보며 내가 행여나 성내지 않았는가 하여 몹시 미안한 표정으로 내 기색을 살폈다.

"움머 이 삼들아[2], 그런 줄 알았나. 큰 실수할 뻔했구나. 에이구, 촌구석에서 밥이나 묵고, 돼지같이 사는 인간이라 노니 머가 뭔 줄 아는 기요. 세상에도 이 추운데, 뭐가 답답어 손수로 빨래하신다고 그리는 기요. 생전에도 ××댁이 빨래하러 올 줄 알어야지. 나는 통 남시켜하는 줄 알었지……."

하고 그 여인도 내가 불안할 만치 사죄 겸 변명을 하며 사람 좋게 나를 치켜 올렸다.

나는 싱긋이 웃으며 어떠한 표정을 하는 것이 가장 그들에게 만족할까하여 잠깐 생각하는 사이에, 도스토예프스키의 「죽은 집의 기록」이 얼른 생각났다.

말 못할 무뢰한들인 죄인들이 귀족 출신인 수인들에게 반감을 가지며 이들 죄수들이 존경하는 것은 보통 세상에 통용되고 있는 상식으로서는 도저히 알 수 없는 행동이라는 것이 연상되어 웃음을 겨우 참으며 이들 여인이 존경하는 것은 무엇인가를 알아보려 생각했다. 물론 내가 이들에게서 존경을 받고 싶어서 하는 생각은 아니다.

빨래터에 모이는 여인들과 거의 다 얼굴이 익은 뒤부터는 으레 누구나, 내가 청하지 않아도 좋은 자리를 비켜주는 것이었으나 나는 굳이 사양하고 경우 바르게 행동했다. 나는 내가 하는 일언일동에 대하여 늘 그 여인들 얼굴에 나타나는 반응을 자세히 보아두려 하는 까닭에 스스로 웃음을 참고 맘에 없

2) 사람들아

는 대답도 간혹 해보는 것이었다. 그러므로

"댁은 언제 봐도 사람이 좋아 보이두미. 한 번도 성낸 일굴을 못 봤구마."

하고 여인들은 '내 웃음 참는 얼굴을 사람이 좋아서……' 라고 돌려주는 것이 또한 우스웠다.

나는 빨래터에서 모두 제 맘대로 각기 나를 대상으로 하는 갖은 문답을 듣는 것이 즐거워 집안사람들에게 꾸지람을 들어가면서도 일쑤 빨래터에 잘 나갔었다.

차차 날이 감에 따라 모두 무관해진 후는 또 내 얼굴만 보면 일제히 질문을 내리 퍼붓는 것이었다.

"××댁이 늘 만나면 물어 볼라고 베루었더니.[3]"

하는 전제를 두고,

"한 달에 오십 전씩 저금을 하려는데, 어떻게 하면 이자가 많이 붙겠는기요?"

"만주에 농사지으러 가려면 정말 차비를 대어 주는 데가 있는기요?"

"세루 치마 한 감에 돈이 얼마나 되는기요?"

"우리 집 아이는 글을 가르쳐야겠는데 천자(千字)를 가르치는 것이 좋은기요?"

"못 쓰는 책 있거든 우리 집 아이 배우구로 한 권 줄라는기요?"

---

3) 벼르다.

"서울 진고개라는 데는 중 상투와 처녀 ××도 다 있다는데 가 보았는기요?"

"동촌에 비영구(飛行機)가 내려오는 날은 정말 ××날인기요?"

"우리 집 아이가 곤시란 곤시랑[4] 아픈데 무슨 좋은 약이 있는기요?"

라는 등 별별 것을 다 묻는다. 나는 될 수 있는 대로 분명히 대답 해주며 때때로 유머를 섞기도 하므로 빨래를 다 한 사람까지 가지 않고 재미있어 하는 것이었다.

혹 내가 외출하려고 길에 나서면 누구든지 만나는 대로 함부로 남의 외투자락을 뒤지며,

"옷 구경 좀 합시다."

하고 무사하게 웃는 얼굴을 괄시할 수 없어 설빔을 입은 소녀같이 싱긋싱긋 웃으며 서 있다.

"이런 치마는 값이 얼마나 되는기요?"

하고 일일이 값을 묻는데, 나는 이들에게 반감을 사지 않으려고 반드시 값을 내려 대답을 하면

"아이구, 나는 처음 보는 것이구마. 참 비단인기요?"

한다. 이들은 세루[5]보다 더 값비싼 옷은 없는 줄 알며, 비단이라면 인조견으로만 알고 있는 것이었다.

어느 날, 한 여인이 일부러 나를 찾아와서 자기 어린아이의

---

4) 시름시름. 혼자서 나직하게 중얼거리는 것.

5) 세루(surge) 치마.

병세를 이야기한 후 무슨 병이냐고 물었다.

"내가 의사가 아니니 잘 보르겠지만 아마 적리(赤痢)[6]에다 감기를 덧친 것 같으니 병원에 다리고 가보시요."

하고 내가 대답했다.

병원이라고는 하나 이 동네에서 근 십리나 떨어진 곳에 의생(醫生)이 경영하는 것이었다.

"저, 어린 것들 병에는 금계랍(金鷄蠟)이 좋다는데, 병원보다 신약점(新藥店)에 가서 사는 것이 더 헐하지 않을까요?"

하고 묻는다.

"아, 그런 말 말으시오, 공연히 무슨 병인지도 모르고 금계랍을 먹이다가 큰일 나오."

하며 나는 굳이 병원에 의논해 보라고 권했다.

그 후 어느 날 그 여인을 만나 어린이 병세를 물었더니

"아이고 ××댁이 참 당신 용하게 알아 맞치두마, 병원에 가 물어봐도 적리(赤痢)라두마. 그 병도 약은 한 일이 원어치 먹어야 낫겠다고 하기에 그만 신약점에 가서 금계랍 십 전어치만 사다 먹였구마."

하고 대답한다. 나는 어이가 없어

"아니 보시오. 아모리 금계랍이 좋기로 이증(痢症)[7]에 금계랍이 당하는 약인가요?"

하고 나무라듯 얼굴을 찌푸렸더니

---

6) 이질 중에서 혈변을 보는 증세. 전염성이 강함.

7) 이질

"아이고, 당하든 아니 당하든 좋은 약이라고 먹였으니 설마 낫겠지요. 아직은 별 효험이 아니 보이지마는."
하고 태연히 대답했다. 나는 묵묵히 입맛을 다시었다.

약! 이들은 약이라면 무슨 약이든 간 만병통치로 여기며, 병이 들면 그 병에 당부당(當不當)이 문제가 아니라 약이라고 이름 붙는 것이면 무엇이든 간에 먹기만 하면 설마 나으려니 하고 약의 절대 효력을 믿는 것임을 느꼈다. 만병수(萬病水)란 약을 만들어 낸 어을빈(漁乙彬)[8]이가 얼마나 영리한 사람이었던가를 생각하며 고소하는 수밖에 없었다.

(《여성》, 1937. 6.)

---

8) 1893년 북미 장로회에서 파견한 의사 자격을 갖춘 의료 선교사 찰스 휴스테스 어빈을 가리킴. 부산에서 42년을 살고 이 땅에 묻혔다. 부산 지금의 동광동에 '어을빈 병원' 간판을 내걸고 '만병수' 라는 물약을 만들어 팔았는데 전국 방방곡곡으로 팔려나가 거부가 되었다.

촌민들

까다롭고 깍쟁이같이 빤질거리는 사람은 서울놈이라 하고, 순박하고 어리석은 사람은 촌놈이라고 하지마는 요즘 촌사람도 여전히 순박하고 어리석은 줄만 알다가는 큰코 다치기 쉽다.

그러나 촌사람들에게 금석(今昔)을 통하여 변함없는 것은 불결과 우둔함이다.

더러운 빨래하는 아래서 먹을 것을 씻는 것은 예사로 알아 맑은 물에 헹구라고 충고하면,

"물을 시츠[1] 먹지는 못한다는데, 한 번 시츳으면 그만이지요. 한 고개 목구멍만 넘어가면 이 물보다 더 더러운 똥이 되

---

1) 씻어.

는데."
라 한다.

그리고 직접 나에게는 그렇지 않아도 우리 집 소녀에게,

"너희는 너무 별나더라. 그렇게 너무 깨끗하게 하면 죄가 많어 가난해진다."
라고 한다.

그리고 나는 심심할 때 동네 아이들이 눈에 띄는 대로 개울도랑으로 끌고 가서 시커먼 때를 벗겨주면 그의 모(母)는 도리어 불쾌한 어조로

"그까짓 것 시츠면 뭘 하오. 또 금방 때가 묻을 것을. 깨끗한 집 아이도 병만 잘 나더라. 촌아이는 깨끗하면 못 쓰오."
라고 하며, 계란 같은 것도 다른 데 가서 이 전씩에 파는 줄 알고 있지마는 체면으로 오 리씩 더 주어도 고맙단 말 한 마디 하지 않고

"올타.[2] 이 집은 멍텅구리로구나."
라고나 하듯 동네에 작은 알을 모두 거두어다 사라고 한다.

과원에 인부 품삯도 후하게 주고 자주 쉬어 하라고 하며 같이 농담도 하여 될 수 있는 대로 그들의 사정을 보아주면

"이 집은 마음이 좋아……. 다른 사람 집에는 일을 하려면 꼭 죽겠더라."

---

2) 옳다.

라고 다른 사람 욕을 하며 우리 집을 치켜 올려놓고 그만 축 늘어져 놀러 나온 듯이 일을 잊어버린다.

그리고 어린아이나 늙은이들은 일에 능률이 없으므로 과원에는 쓰지 않는데, 우리 집에 와서는

"이 댁은 마음이 좋으시다는 말을 듣고 왔으니……."

라고 추켜올려 거절 말라고 못을 치기도 한다.

우리 이웃인 과원은 물 건너 사람이 경영하는데 이 집에 일하러 갈 때는 아침과 점심시간에 일찍 가고, 또 저녁 때에도 늦게 돌아가면서 부지런히 일하면서도 우리 집에 올 때는 늦게 오고, 일찍 보내도 고맙다는 말 대신

"아직 아무것도 모르는 사람들이니까."

라고 만만히 보면서도 무슨 청할 일이 있을 때는

"암만해도 우리 사람은 우리 사람끼리가 제일이지."

라고 하니 금일의 촌민들을 어리석다고 볼 수 있을까.

이에 비하여 도회인은 깍쟁이기는 하나 경우가 바르고 양성적(陽性的)이어서 촌사람들처럼

"나는 촌사람이라 어리석습니다."

라고 이마에 써 붙이고 속으로 수박씨 까는 엉큼한 수작은 하지 않는다.

그러므로 처음은 이 촌민들이 염증이 나게 싫고 심지어 증오까지 느낄 때가 있었다.

그러나 다시 생각한 요즘은 그들을 이해하려고 해 본다.

이들이 순박성을 잃어버린 것은 너무나 남에게 속아만 오

고, 업신여김만 받아온 까닭이니 이 약빠르고 매운 세상에서 지금 그들에게 순박함을 바라는 것은 아름다운 이름을 붙인 나의 이기심이다.

이들도 남을 조금 속여도 먹고 업신여겨 보아야 할 것이다.

(《여성》, 1937. 8.)

철없는 사회자

십년 전 이월 이십이일[1] 이 날은 흰 눈이 내려 채 녹지도 않은 차가운 날이었다. 아침밥을 부리나케 먹고 낙원동에 있는 여성동우회관 겸 경성여자청년동맹회관인 이발소 이층으로 달려가니, 벌써 시계는 아홉 시에 가까웠다. 이날인즉 ××이 죽은 날[2]이라 전선 각 사회주의 단체는 모두 일체 집합을 엄금당한 날이다. 그러나 일찍부터 회관에 모여든 상무위원들은 기어코 이 날에 집회를 도모하기로 결정하고 준비에 분망하였다. 경찰당국이 허락하지 않는 이 날에 기어코 집회를 해야 될 이유는 여자청년동맹 창립 이주년 기념식을 해야 되는 날이었던 까닭이다. 그때 나는 여성동우회와 여자청

---

1) 작가의 기억이 잘못된 것으로 보인다. 《시대일보》 기사에 의하면 21일이다.
2) 레닌 사망일.

년동맹에 다 상무위원이었기는 하지마는 실상인즉 사회주의 서적 몇 권을 읽고 시골 구석에서 갓 뛰어나간 순진한 소녀이었다. 눈먼 송아지 요령소리만 밟아가는 격으로 다른 위원들이 말하는 그대로 그날 기념식 순서와 부분을 결정하니 사회는 허정숙 씨요, 경과보고는 조원숙이었고, 금후 방침은 바로 내가 말하게 되고 그 외 심은숙, 김영희 양 씨도 다 각각 무엇을 다 맡게 되었었다. 그래서 이 순서를 그대로 적어가지고 경찰서에 허가 받으러[3] 가기로 되었다. 그러나 비록 우리끼리 헛 기세를 피우며 이렇게 결정은 했을망정 이미 집회금지를 당한 이 날임을 알고 있는 터이라, 경찰서에 가 보았자 헛수고뿐이 될 것을 모두 잘 알고 있었다. 그런 까닭에 아무라도 섭적[4] 내가 가겠다고 책임지고 나서는 사람이 없었다. 서로 이리저리 밀다가 결국은 나에게 가라고 명령이 내렸다. 나는 기가 막히지 않을 수 없었다. 대체로 서울 온 지 두 달도 채 못 되었으니 어떻게 이런 어려운 교섭을 갈 수가 있었겠느냐 말이었다. 그러나 나는 서로 미루는 것이 딱 싫어서 종로경찰서로 쑥 들어가 고등계를 찾았다. 또 안으로 쑥 들어가니 눈에서 현기가 날판이었으나 용감하게 그날 밤 집회를 허락해달라고 말했다. 백전노장인 고등계 차석이 미소하며 고개를 좌우로 흔들자 갑자기 나는 생각나는 바가 있었다. 그래서

"만일 오늘밤 집회에서 무슨 일이 생기면 전 책임은 내가 지겠소. 그래도 안 된다면 나를 미리 유치장에 잡아넣고 허가

3) 원본에는 '맡으러'로 되어 있다.　4) 선뜻

해주시오.”
라고 했다. 치석은 깔깔 웃으며, 사뭇 철없는 나의 말을 가엾게나 여겼던지 두 시간이나 시달린 후 비로소 허락을 했다. 나는 의기양양해서 종로서 문을 뛰어나가니 여러 동무들은 내가 잘못 서둘다가 금속이나 당했는가 해서 걱정하고 서 있었다. 그래서 그날 밤 천도교기념관에서 기념식을 하게 되었다. 정각 일곱 시 반이 되자 장내는 입추의 여지가 없이 대만원이었고 경계도 엄중했다. 그러나 일곱 시가 지나고 여덟 시가 지나도 이 밤의 사회자인 허정숙 씨가 오지 않았다. 그때, 갑자기 허 씨가 ×××××× ××× ××× ×× ××× 나오지 못하게 되었다. 장내에서는

“시간 지킵시다.”

하는 야지[5]가 떠오르고 시계는 벌써 여덟 시 반이나 되었다.

“사회를 누가 하느냐.”

하는 것이 문제가 되었다. 그러나 하려는 사람이 없었다. 모두 변소에 간다고 피해버리고 막 뒤에 남은 것은 나 하나, 이것 큰일이었다. 내 평생에 이런 회합을 단 한 번이라도 구경했더라면 나에게는 걱정이 되지 않았을 것이지마는 대체 사회자라고는 무엇인지도 알지 못하는 터이니 그 처지에 기가 막히지 않을 사람이 없을 것이다. 그러나 이미 경험 있는 분들이 피해가고 멍텅구리 나에게 슬쩍 미루는 그 심사에 나는 가슴의 피가 뒤끓었다.[6]

---

5) 야유
6) 들끓었다.

"여보시요, 내가 할 테니 대강 어떻게 하는 것인지 설명 좀 하시요."

하고 정종명 씨인가 누구에게 애원했다. 그때 연령이 초과하여 청년동맹 회원이 아닌 정종명 씨는 자못 초조해하였다. 좌우간 일이 분간 설명을 듣고 막을 걷어치운 후 연단으로 기운 좋게 올라갔다. 턱, 올라서 한 번 장내를 살펴보니

"아이고머니……."

콩나물같이 박혀 앉은 사람들의 얼굴이 왜 모두 그렇게 원숭이 궁둥이 같이 붉은지, 그만 수족에 힘이 풀어지고, 두 눈이 핑 돌며 가슴이 메슥거리고 입이 타들어 붙고 말았다.

"말소리 크게 하오."

라고 야지가 풀풀 날아오자 내 정신이 돌아왔다. 좌우간 그날 밤에 내 가슴이 텅 비도록 아는 것 모르는 것 막 털어 지껄대기[7]는 했는데, 무엇을 말했는지는 진작 잊어버렸다. 식이 끝나고 여흥도 끝난 후 연단 아래로 총살같이 내려가 잘못한 거나 없느냐고 동무들에게 물었다.

"말소리와 태도가 너무 어린애 같고 애교가 직이는[8] 것 같두군. 투사답지 못하고……."

라고 일제히 말했다.

"애교라니? 너희들처럼 달아나는 것이 투사냐?"

하고 그날 밤 나의 노력을 너무나 몰라주는 것이 분했다. 지금 생각하면 부끄러워 얼굴에 불이 난다.

(《중앙》, 1936. 4.)

7) 지껄여대다

8) 죽이는

여성단체의 필요

나는 시골구석에 틀어박혀 있는 까닭에 직접으로 사회 사정에 접촉도 없고 또한 매우 어두운 터이나 간혹 신문 지상으로나, 잡지에 보면 서울엔 여러 가지로 여성의 모임이 있는 것 같지만, 지방에는 비단 여성뿐만 아니라 남성들까지도 아무 모임이 없다. 칠팔 년 전까지도 각 지방에 남녀의 모임이 많이 있어 조선의 청년 남녀가 얼마만치 활기가 있었고 또한 사회적으로도 유의의가 많았다. 그러나 지금에는 ××의 탄압이 심해지자 모든 청년들은 철저한 에고이스트로 몰락해 버리고 말았다. 그들의 유일한 사교장이 요리집이요, 기생방 출입으로 타락이 되고만 오늘이다. 오직 자기 한 사람의 행복과 향락만을 도모하기에 토끼눈같이 되고 만 것이 오늘의 조선청년이다. 사회문제 연구라든지, 또는 사회적인 의

분에 탄다든지 하는 청년다운 말은 오늘의 그들 입에서는 듣지 못한다.

모든 것으로 보아 여성의 지도적 처지에 있는 그들 남성이 이렇게 되고 보니 여성된 이들이(신구를 물론하고) 금일 가지고 있는 바 포부나 이상이 모두 철저한 개인주의가 되고 만 것은 불가피의 일인지도 모른다. 이들의 눈은 겨우 나지막한 자기 집 문턱이나 쳐다보고 한껏 바라본다는 것은 거리의 유행이다. 유행 옷감, 유행 화장법, 양식집 치장, 남편의 요리집 행에 강짜보기, 여기에 오늘날 젊은 여성의 정력은 낭비되고 만다. 이대로만 만일 어느 때까지 계속된다면 장력 조선사회는 어떻게 되겠는가 하는 것은 뒤로 돌리고라도 우선 한 가정, 한 개인을 들고 보아서 말이 안 되는 판이다.

여성인 우리의 몸으로서 남성들 앞에 나서서 활동하라는 것은 아직 누구나 다 비웃을지 모르나 우리들로서 남성의 모범이 되고 각성을 시켜 줄 수는 있는 바이다.

아메리카 부인들은 사회 제반 문제에 대하여 남성을 지도한다고 한다. 직접 사업에 종사하는 남성들에게는 연구하고 독서할 시간이 없고 직업 없이 가정에 있는 여성은 시간이 많은 까닭에 두뇌가 발달되고 지식이 남성보다 넓다는 것이다.

단체생활 또는 사회적 의의를 가진 생활을 전혀 알지 못하면 누구라도 제 집 천장밖에 모르는 것이니 우리는 처음은 비록 미미하나마 여럿이 모임이 필요하다. 많이 모이는 곳에 각각 다른 의견을 듣게 되고 따라서 이론이 생기는 것이다. 각기 개인 문제로부터 가정문제, 남성들의 문제, 더 나아가 사회문제에까지 논급하게 되도록 머리를 개조하기에도 혼자 제 방안에 □는 좀처럼 되기 어렵다. 우리 살림살이에서는 그 자체의 머리 여하에 따라 얼마든지 시간의 여유를 얻을 수 있다.

한 주일에 한 번이나 한 달에 한 번쯤의 여가는 누구라도 만들어 낼 수 있는 것이니 미혼처녀로부터 유직 무직을 막론하고 가정의 노소 부인들로서 한 가지 단체를 조직해 둔다면 이 얼마나 유의의 한 일일까. 지금같이 타락된 남성의 본을 받아 향락적으로 놀다가 헤어지는(중류층 부인들이 모여서 소리하고 춤추고 놀기를 좋아한다) 그런 무가치한 놀음은 여흥으로 미루고 모든 여성의 번민의 대상을 토의하며 머리를 맞대고 이야기 하는 사이에 우리 여성의 자랑이 무엇이라는 것도 알아지며, 여성의 참된 사명이 무엇이라는 것도 깨닫게 될 것이며 따라서 각기의 머리도 향상할 뿐 아니라 그들의 가정, 나아가서 우리 사회에까지 미치는 영향이 적지 않을 것임을 믿는다.

(《조선 중앙일보》, 1936. 1. 24/28.)

사명에 각성한 후

양두사(兩頭蛇)의 이야기를 아십니까?

몸은 하나인데 대가리가 둘 있는 뱀이랍니다. 이 뱀은 먹을 것을 만나면 두 대가리가 서로 먹겠다고 싸움을 한답니다. 결국은 어느 편 입으로나 먹히기는 하는데 먹고 보면 두 대가리의 뱃속은 다 같이 불러진다는 것이랍니다. 배가 불러진 뒤에 생각하면 도리어 씹어먹는 편 대구리[1]가 손해가 아니겠습니까. 입을 놀린 것만은 헛수고이었으니까요. 하물며 이가 건전하지 않은 편이 빼앗아 먹었다면 더욱이 손해가 안 되었겠습니까. 그렇지 않고 이가 건전한 편이 씹어먹는 역할을 맡고 한편은 물도 먹어주고 외방으로 몰려오는 적을 방비도

1) 대가리

해주고 한다면 쓸데없이 어리석게 잠깐 입 속에 무르녹는 미각을 만족시키기만 위하여 싸움만 하느니보다 현명하지 않겠습니까. 서로 먹겠다고만 싸움을 하다가는 결국 그 뱀 전체의 파멸을 촉진시킬 뿐이니까요.

그러므로(어리석은 비유라고 웃으실지 모르나) 우리 인간사회를 한 번 둘러 생각하면 남성에게나 여성에게는 다 각각 다른 사명과 특질이 있다고 생각합니다. 저 원시시대의 모권제도가 왜 오래 지속되지 못하였나 하는 것도 다시 한 번 다른 각도에서 생각해 볼 일입니다.

여성 중심주의인 엘렌 케이 여사도 이렇게 말했습니다. 즉

"여성은 모성을 십분 신창(伸暢)하는 데서 그 참된 면목이 표현된다. 구주대전 때 전장에서, 병원에서, 죽어간 수많은 사람들이 그 임종 때에 이구동성으로 간절히 부르짖은 말은 어머니여! 어머니여!하는 말이었으니 즉 전쟁의 공포에서 구해 달라는 애원을 그 어머니의 이름에 걸었다. 만일 새로운 사회가 와서 베토벤같이 큰 음악가가 될 사람을 무슨 기관수로나 만들어 버린다면 그것은 슬퍼할 일일 것이다. 그리고 또 새 사회가 와서 여성을 영혼의 교육자인 어머니되게 하는 대신 남성과 같이 집밖에서 노동에 종사하게 한다면 이것 또한 마찬가지로 진실로 정력의 오용이라 할 것이다."

라고 했습니다. 여자에게는 첫째 생리적으로 직업에 불편을 많이 느끼게 하는 것입니다. 그렇다고 '여자는 아무 경제적으로나마 자유가 없으란 말이냐. 경제권이 없는 이상 남녀동등도 가망 밖이다'고 하실지 모르나 여자의 취직함이, 즉 여자

의 경제권 독립을 보장하는 것이 되느냐 하면 그것도 가까운 앞날을 바라볼 수 있다면 고소(苦笑)해 버리고 말 것을 깨달을 것입니다. 직업 여성도 결혼은 해야 되며 결혼을 한다면 역시 가정부인으로서 과거의 어느 가정부인이나 마찬가지 지위에서 조금도 별다른 것이 없을 것입니다.

여성은 인류를 창제해 낸다는 가장 큰 사명을 가졌으며 아울러 장차 사회를 좌우할 기원을 짓는 2세 국민의 정신의 교육자라는 지위에 있는 것이니까 눈앞의 부질없는 소승적 자유를 위하여 남자를 헤치고 직업전선에 뛰어든다는 것은 잘못이라고 생각합니다.

어리석게 건강에 무리를 해가며 정력을 낭비하지 말고 오로지 여성 천부의 사명에 따라 건전한 여성이라는 지대를 굳건하게 만들 것이니 모든 가정사를 합리화하기에 노력하며 항상 자아를 반성 비판하여 훌륭한 여성으로서의 인격을 향상할 것입니다. 이것은 오로지 여성 자체 뿐을 위함이 아니라 장차 사회 조성원인 이세 국민의 교육이 되니까요.

남자와 경쟁하려는 노력으로 남자를 잘 내조 해주어서 일에 능률을 기하는 두뇌를 양성하기에 먼저 급급해야 할 것입니다. 모든 노동에서 여성은 물러서고 남성으로 하여금 대신 일하게 하며 우리는 많이 독서하여 세계 사정에 밝도록 주의하여 사회적 지도 이념을 파악 해버릴 것입니다.

그리고 또 신여성은 반거충이다, 계집애는 공부시킬 필요가 없다, 우리 아들은 신여성에게 장가들이지 않겠다는 것 등 이 모두 구인습의 잘못이라고만 하겠습니다.

"바누질할 줄 모르면 상관있소. 대신 돈벌이해서 침모를 두지요."
하는 격으로 여성적 사무에 건실치 못한 까닭에서 생겨난 말일 것이니 이것도 여성의 직업이라는 것이 미쳐준 영향이라고 생각합니다. 생활에 부대끼고 주위 사정에 인하여 부득이한 취직, 이것은 문제 외라 하더라도 이것이 끼쳐준 여성의 손해는 컸습니다.

신여성은 반거충이다, 눈요기시키기 위하여 여사무원을 쓰지요, 임금이 적으니까 여공을 쓰지요하는 등의 여성 전체의 인격적 모욕을 먹어가며 자기 천부의 사명은 잊어버린 데서 무슨 신성한 직업부인이라는 자랑이 있겠습니까. 여성이 직업전선에 나선다고 허물어져 가는 조선의 경제상태가 바로 서줄 리도 없을 뿐 아니라 도리어 남자의 실업군 만을 범람하게 할 뿐이니 도리어 사회를 불안케 하는 것이 될 것입니다.

여성에게서 찾아보지 못할 특질이 남성에게 있고 남성에게서 찾아보지 못할 것이 여성에게 있는 것이니 해산한다는 것을 남성에게 떼어 맡기지 못하는 이상, 남성과 여성은 서로 없는 것을 보충하며 한 가정 한 사회를 위하여 각기 사명에 충실한 후 참된 분업적으로 분투하여 노력할 것입니다. 남편의 직업으로 인한 성공 그것이 즉 아내인 우리의 성공일 것이니 우리는 미리 현명하여 어리석은 양두사의 사혼이 되지 말게 할 것입니다.

(《신가정》, 1935. 2)

4

나의 시베리아 방랑기

여행은 길동무[1]

— 니키 히토리 씨! 나는 당신 뒤를 따라 지옥으로 가는 여행에 동반자가 되겠습니다.

니키 히토리 씨!

당신이 가신지 벌써 네 달이 됩니다. 그리고 내가 이 병원에 누운 지 꼭 여섯 달! 그렇습니다. 나는 지금 그것을 분명히 셀 수가 있었습니다. 이것은 오늘밤이 당신의 흉보를 접한 그날 밤처럼 아무 소리 없는 밤, 으스스할 정도로 정적에 싸인 밤이기 때문이겠지요. 정말로 이 병원은 오늘 밤 너무나 조용합니다. 늘 뭔가 시끄러운 소리가 끊이지 않는 병원이었는데 복

1) 임종국의 『친일문학론』 부록에는 이 작품을 「지옥행」으로 명기하였다.

도에서 소곤거리는 간호원들 소리라든지, 삐걱삐걱 계단을 밟는 슬리퍼 소리, 또는 옆 병실에서 들려오는 환자들 신음 소리…….

이 정적 속에서 나는 조용히 당신 이름을 불러 봅니다.

"니키 히토리 씨!"

그러면 내 눈 앞에 당신 얼굴이 뚜렷이 떠오릅니다. 불꽃처럼 빛나는 당신의 커다란 두 눈, 야무지고 강인한 얼굴 윤곽, 튼튼한 체구, 결의에 찬 표정……. 그리고 나는 이 생각 저 생각 당신 생각을 이어갑니다. 생각해보면 당신과 내가 알게 되어 깊은 마음의 이야기를 나누는 사이가 된 것은 모든 것이 이상해서 우연이라는 느낌을 지울 수가 없습니다. 생각해 보세요. 당신처럼 바쁜 사람이 또 하필이면 왜 이 한반도에 여행을 할 마음이 생긴 것일까요? 그건 또 그렇다고 치고 당신이 이곳에 온 뒤 바로 당신 옛 친구이자 나의 지인인 K를 만난 것이 탈이었습니다. 아니요, 그것만이 아닙니다. K와 만나자 두 사람은, 조선에는 다른 명승지도 있는데 하필이면 신라 고도를 보겠다며 경주 여행길에 오른 것입니다. 두 사람이 경부선을 타고 마침 B역에서 경주행 기차로 바꾸어 타려 할 때 당신과 K는 또 한 사람 친한 옛 벗과 뜻밖에도 해후를 한 것이었습니다. 그것도 완전히 우연히 말이지요. 그렇게 새로 나타난 그 친구가 바로 '저' 였습니다.

"같이 경주에 가지 않겠소?"

라는 권유에 나는 앞뒤도 생각지 않고 승낙해버렸습니다. 왜

냐하면 그때 나는 심리적으로 매우 큰 고민을 안고 있었기 때문입니다. 그 때는 공교롭게도 내가 이혼을 한 후였습니다. 이혼! 정말로 그것은 중대한 문제임에 틀림없습니다. 그러나 나 개인에게 그 이혼은 극히 평범한 일이었어요. 하늘로 던진 돌멩이가 다시 지면에 떨어지는 것은 시간문제일 뿐, 조만간 땅에 떨어지고 마는 것은 정한 이치니까요. 그것이 자연의 법칙인 걸요. 내 결혼은 꼭 하늘을 향해 돌멩이를 던진 것과 같았습니다.

그러나 니키 씨! 그 자연스런 일을 내 주위의 사람들은 결코 단순하게 생각해 주지 않았습니다. 아니요, 그들은 부자연스럽게도 위로 던진 돌멩이가 언제까지나 공중에 머무른 채 떨어지지 않기를 바랐습니다. 나의 고뇌는 거기에 있었습니다. 이혼을 불명예로 생각하는 가족들, 그것을 도덕적으로 비난하는 마을 사람들 속에서 나는 여러 날을 괴로워했습니다. 그 괴로움을 견디다 못해 나는 몰래 집을 뛰쳐나와 목적지도 없이 여행을 떠나려고 한 것입니다. B역에 와서 그런데 어디로 가지?하고 생각하던 참에 뜻밖에 당신들을 만난 거라서 경주에 갑시다,라고 권함을 받았을 때 단번에 승낙한 것입니다. 완전히 구원 받은 느낌으로…….

그때의 경주 여행! 정말 즐겁고 유쾌했어요! 서로 옛날 회고담에 이야기꽃을 피우며 시간이 가는 줄도 몰랐지요. 그리고 당신은 그때부터 나에게 큰 빛이며 큰 희망이 되었습니다. 왜냐하면 그때 나의 고민과 괴로움에 대해 당신은 큰 용기를 주고 삶에 대해 큰 신념을 주었기 때문입니다. 내가 자신의 고민 때문에 또 어머니 걱정 때문에 매일 울었다고 이야기를 하자 당신은 큰 소리로 웃었지요!

"나는 눈물 같은 것은 흘린 적이 없습니다. 무엇보다도 내 경우에는 울만큼 한가한 시간이 없지요. 나는 무의미한 생각으로 시간을 소비하지는 않습니다."

라고 하며 당신은 나를 고무하기 위해 다시 말을 이어갔습니다.

"어쩌면 당신 생활은 너무나 한가한 것이 아닐까요? 당신은 커다란 생의 의욕으로 그 한가한 시간을 극복해가지 않으면 안 됩니다."

마침내 우리 일행은 경주에 도착해 나는 당신과 어깨를 나란히 하며 석굴암으로 향하는 언덕길을 걸어갔습니다. 그때 나는 당신 걸음걸이, 말하는 모습, 그 일거일동을 보며 정말로 강한 생의 의욕과 건설적인 큰 기백을 느꼈지요! 그렇게 약했던 내가 당신과의 하룻밤 여행을 통해 무언가 크고 새로운 것이 내 안에 되살아나는 것을 느낀 것입니다. 다음 날 아침 당신과 식탁에서 마주 앉았을 때, 나는 지난 생활을 스스로 비평하고, 자신의 앞날에 대해 새로운 삶의 길을 발견한 것을 확실히 알 것 같은 느낌이 들었습니다.

"석굴암! 정말로 위대한 예술이군요. 우리도 뭔가 그런 위대한 것을 창조합시다. 그것도 옛것의 모방이 아니라 새로운 미래에 속하는 것을요."

라고 당신이 말하셨을 때, 나는 정말로 내 앞에 밝은 새벽 같은 것이 나타난 것을 느꼈고, 이대로 당신과 얼마동안 함께 있으면 나는 반드시 용감한 여자로 다시 태어날 거라 스스로 단정을 내릴 정도였습니다.

그러나 우리는 곧 헤어지고 말았습니다. 당신은 바쁜 몸이라 여유 있는 여정을 누릴 시간이 없었고 나도 바로 어머니에게 돌아가야 했으니까요.

그러나 니키 씨, 두 번째의 우연이 우리를 다시 만나게 해주었지요! 내가 상경할 때 당신이 경성에 있는 것은 알고 있었지만 같은 여관에 투숙하게 되리라고는 꿈에도 생각하지 못했습니다. 아침에 식당에서 뜻밖에 다시 만났을 때 당신은 깜짝 놀라 눈이 휘둥그레질 정도였지요. 그러나 다음 순간 우리는 다시 만난 것을 얼마나 기뻐했던가요. 두 사람은 잠시 손을 마주 잡은 채 놓으려 하지 않았지요. 며칠간을 같은 여관에 있으면서 두 사람은 언제나 만났고 그 때마다 당신은 나를 격려하고 용기를 주었지요.

"서로 힘이 되어 줍시다. 서로 마음의 괴로움을 호소하고 기쁨을 함께 나누는 일생의 벗이 됩시다!"
라고 우리는 몇 번이나 맹세했습니다.

세 번째의 우연! 그것은 그로부터 한 달 뒤, 내가 다시 시골로 돌아올 때였습니다. 그 여관에서 헤어질 때 내년 봄에는 또 만날 수 있을 거라고 약속하며 그 때까지 건강을 회복해달라고 당신은 말했습니다.

이 세 번째의 해후는 한층 더 우연이라는 느낌을 떨쳐 버릴 수가 없었습니다. 그 때 당신은 개성과 평양을 보고 동쪽으로 상경길에 오른 때라 같은 방향이 되었지요.

"정말로 자주 만나는군요!"

하고 당신은 웃으면서 내 손을 꽉 잡아 주셨지요!

"이상한 우연이네요!"

하고, 몇 번이나 만나는 일에 일종의 불길함마저 느낀 내가 우연이란 말을 꺼내자, 당신은 바로 그것을 부정하며,

"우연이란 것은 없습니다. 각자가 각각 자신이 밟아야 할 코스를 통과해 온 결과 그 코스가 교차하는 지점에서 만날 뿐이 아니겠습니까? 그것을 만약 운명이라든가 우연이라고 한다면 그것도 상관없겠지요. 그 운명과 우연은 우리를 새로운 생활의 길로 데리고 가는 것이니까요."

그때 나는 얼마나 기쁜 마음으로 당신의 남자다운 모습을 올려보았는지 모릅니다!

이윽고 K역에 도착하여 마침내 작별할 때 당신은 악수를 하면서 말했습니다.

"빨리 건강을 회복하는 겁니다. 앞으로 오 개월쯤 지나 봄, 삼월이 되면 또 올 테니 그 동안 서로 연구도 하고 이해도 진전시켜 행복한 결론을 이야기 합시다!"

행복한 결론! 나는 그때 당신이 한 말의 의미를 확실히 이해하지 못해 뭔가 일종의 초조함을 느껴 주저하고 있었지요. 그러자

"자 어서 내려요. 우리는 일시적인 감정에 얽매이지 말고 더 원대한 이상 하에 전진해야 합니다!"
라고 말하며 다시 한 번 내 손을 꽉 잡아 주는 것이었습니다. 단지

"예."
라고 하며 간신이 악수를 했던 그 때의 나.

그때부터 나는 당신을 생각할 때면 당신에게 편지를 쓰고, 당신의 편지을 읽을 때면 언제나 당신의 의지로 자신의 생활을 채찍질하며 용기를 얻어 갔습니다. 그 덕택에 나의 숙병이던 위병도 점점 좋아져서 이대로 가면 삼월이면 완전히 건강해질 것 같은 마음도 들었습니다.

그러나 무슨 운명의 장난일까요! 이월 이십팔일……. 이제 곧 삼월인데, 우리가 만나 행복한 결론을 이야기할 그 삼월이 바로 내일로 다가온 그 날, 나는 너무나 슬픈 소식을 접하지 않으면 안 되었습니다.

니키 씨……. 내가 어떻게 당신의 죽음을 믿을 수 있었겠어요! 그렇게도 생에 대해 의욕이 넘쳤던 당신이, 강하게 살겠다고 한 당신이 이렇게 허무하게 죽다니 도저히 생각할 수 없는 일입니다! 삼월이 오면 결론을 이야기합시다!라고 말한 그 결론을 말하지 않고 가버리다니? 설마 그 결론이란 당신의 죽음을 의미한 것은 아니었을 텐데요! 아니요, 그래도 좋아요, 그렇다면 나도 죽음 쪽으로 나의 결론을 가지고 가겠습니다! 왜냐하면 지금까지 차도를 보여 왔던 내 병이 당신의 부음을

접한 이래 급반전하여 이제는 가망 없는 몸이 되어, 이 병원의 어두운 한 구석에 누워 일어나지 못하는 몸이 되었으니까요.

나는 자신이 죽는 것을 확실히 의식하면서 자주, 내가 누워 있는 입원실인 '십삼' 이라는 번호를 생각합니다. 언젠가 니키 씨의 깃에 붙어 있던 신협(新協)[2] 마크를 보면서 그 숫자가 안 좋다고 내가 말했더니 그 때도 당신은 크게 웃었지요.

"단원들 모두 이 숫자를 싫어했습니다만 나는 자진해서 이 숫자를 골랐습니다! 하하……."

그때의 기억이 생생하게 내 인상에 되살아납니다. 지금 내가 누워 있는 입원실도 십삼이라는 숫자입니다. 나는 이 방에 들어온 날 이미 당신과 운명을 함께 하게 된 것입니다. 나도 이제 곧 갑니다. 곧 갑니다! 니키 씨!

어차피 당신은 천국에 갈 신분이 아니니 혼자서 지옥행 길을 쓸쓸히 황망히 가고 있을 게 틀림없습니다. 내가 곧 뒤따라 갈 게요. 여행은 길동무라고 하잖아요. 쓸쓸하고 먼 저승길을 둘이서 가면서 삼월에 이야기하기로 했던 행복한 결론을 이야기하며 사이좋게 여행을 합시다.

(《국민신보》, 1939. 7. 2)

---

2) 신협극단. 일본 프롤레타리아연극동맹의 활동이 탄압으로 곤란해지자 그 중심극단인 좌익(左翼)극장이 중앙극장으로 개칭하는데 그 단원 대부분과 신쓰키지(新築地)극단 탈퇴자, 미술좌(美術座) 단원이 참가하여 1934년 9월 29일 일본연극신연극협회 소속극단이란 함의로 신협극단이 결성됨. 반자본주의, 반파시즘의 사상을 견지하여 성숙한 예술적 힘에 의해 반파시즘의 최대 저항선을 형성한 문화조직으로 평가되고 있다. 日本近代文學館編 『日本近代文學大事典』 講談社에 의함.

동화사

오늘 갑자기 피서지 예찬을 쓰라는 명령을 받고 가만히 생각하니 어찌된 셈인지 나는 오늘까지 피서란 명목으로 어디를 가본 기억이 없는 듯하다. 본래 정신 없는 사람이라, 혹 실념(失念) 중이나 아닌가 하여 집안사람들에게 물어봤더니, 너는 참외 버러지라 여름철에는 꼭 집 안에서 옷끈 풀어놓고 그저 참외만 먹어대느라고 어디를 갈 여가가 있어야지, 라는 대답이었다.

그러면 나는 정말로 아무 데도 피서를 가보지 못한 것인가 보다.

그러니 어떻게 피서지 예찬을 쓸 수 있으랴마는 그래도 어떻게 써야 될 사정이니 한 곳을 골라잡아 보기로 한다.

조선 땅이 비록 작을지나 대금강산을 비롯하여 팔경팔승이며 그 외에도 수 없이 명승지지가 있으니 이 중에서 한 곳을 들어 예찬을 하려면 오죽이나 아름답고 피서지에 적절할 명구가 많겠는가마는 하필 나는 별 승경으로는 이름을 날리지 못한 동화사를 치켜들고 나오게 된다.

그 이유는 내가 멀지 않은 전일에 피서는 아닐지나 그 비슷한 걸음을 하였던 곳인 까닭이요, 또 더위를 물리치는 데는 동적인 해빈(海濱)이나, 아름답지 못한 미남미녀 군이 왕래하는 명승지의 번잡한 곳들보다도 차라리 정적인 양기(凉氣)에 아담스럽게 더움을 잊어버리기를 좋아하는 우리 가정 여인들의 유(流)에 따르려는 것이다.

그러면 이 동화사란 어떠한 곳인가?

이미 아는 사람은 잘 알지니 대구에서 동북으로 사 리를 격한 팔공 산중에 있으니 조선 삼십일대 본사 중의 하나이다.

그리고 또 무슨 무슨 명목이 많으나 그런 것은 다 그만 두고 위병에 특효가 있는 약천이 있다. 이 약수는 말이 약수이나 실상 '사이다' 보다 더 맛이 있어 암만 마셔도 자꾸 마시고 싶은 감로이라 위병환자에게는 다시 없을 것이다.

그러면 절이란 부처님의 영지이니 더러운 속인들이 유흥삼아 피서하려는 피서지로 말씀하기 죄 될 터이나 백사만사 모두 세상이란 말 붙이기에 달린 것이니 염열지옥의 중생들을 한 여름 동안이나마 선경으로 제도해 주시는 곳이라면 그리 큰 죄는 안 될 듯하다.

그러면 안심하고 다음을 써야겠는데 본래 장작개비처럼 재미성 없는 나인지라 남들이 한 번 읽고 쫓아가 보게 할만치 예찬은 할 줄 모르니 그저 내가 가보던 그때 이야기나 적어볼까 한다.

출발지를 알기 쉽게 대구에서 시작한다면 승합자동차, 황마차(幌馬車) 등이 있기는 하나 그것보다 일금 사원만 주면 택시 한 대가 대절이 된다.

막론(莫論)하더라도 피서쯤 가는 사람들이니 불쾌하거나 노여워하고 싶지는 않을 터이니 될 수 있는 대로 도달되는 목적지도 목적지려니와 거기까지 가는 도중부터도 유쾌하고 웃음이 나고 즐거워야 하는 것이니 먼저 동화사 가는 길거리로부터 시작해야겠다.

그때, 내가 동화사로 구경 가던 그때는 동행이 다 같은 여인 두 사람과 나, 셋이었다. 택시로 대구를 떠나 동촌을 거쳐 비행장을 안고 돈 후, 멀리 구름이 걸려 있는 군봉을 향하여 달린다.

길이 좁고 철요(凸凹)가 많아서 평탄한 포장도로보다 운치가 배가라 아무리 웃기 싫어도 웃음이 나오고 만다.

이 산모롱이 저 산모롱이를 뒤지듯 감돌아돌다가 한곳에 다다라 미련 있는 택시를 내려 초목이 우거진 '아리랑' 고개 같은 산고개로 올라선다.

이곳서부터 반리(半里)나 남았으니 죽장망혜(竹杖芒鞋)가 아니더라도 오른손으로 섭의이상(攝衣而上)[1]하고 왼손에 제휴

1) 긴 치맛자락을 잡고 위로 올라 감.

2) 손을 잡아끌다.

(提携)[2] ㅁㅁㅁㅁ[3]하여 고무신으로 행지(行之)하여도 그리 격에 떨어지지 않을 만하게 길의 고저가 심하지 않다.

좁은 길 좌우로 우거진 그림자에 축여진 길바닥은 몇 백리 이렇게만 뻗쳐 있다면 걸어가기 괴롭지 않을 듯, 뜨거운 포도 위를 걷던 발바닥이 환희에 흥분이나 할까 두렵다. 그리하여 아주 만만적(慢慢的)으로 일보(一步) 일보 길바닥의 ㅁㅁ한[4] 맛을 아껴가며 또 한 구비 감돌아 허리 굽은 장송(長松) 밑에 비켜서서 좌우를 망지(望之)하면 건너편 묘한 석벽들에는 간간이 청송(靑松)이요, 그 앞에는 백석청암(白石靑岩)의 계곡이 맑고도 누누이 흐르고 떨어진다.

깊이깊이 녹수천만엽(綠樹千萬葉) 중첩한 속으로 좁고 길게 굽이굽이 숨긴 길로는 하머나 은은히 종소리 새어 올 듯.

아까운 길을 어느덧 다 진(盡)하고 산문에 당도하여 아무 대찰이나 별 차 없는 본사를 돌아 대웅전에 참배한 후 극락암으로 건너가 선방을 들여다보면 기둥과 벽상에 써 붙인 글들이 그 속 깊은 본뜻이야 알 리 없는 속객에게도 금방 무슨 깨닫는 바가 있는 듯하게 하여 그까짓 더위쯤이야 티끌만한 문젯거리도 안 되게 하니 이만하여도 피서가 된 셈이다.

이 극락암은 그 이름과 같이 이 산중에서는 제일 시원하여 극락인 듯싶지마는 그래도 초록은 동색이라고 우리가 막 다다른 곳은 여승암이다.

---

3) 원전에는 '판치케-쓰' 로 되어 있다.

4) 원전에는 "축은-한" 으로 되어 있다.

본사에서 고개 하나 넘어서면 벌써 저 나무 사이로 보이는 것이 여승암이라 말없이 들어서니 제일 먼저 눈에 와 밟히는 것은 대문 맞은 편 기둥에다

"山中靜夜獨座無言 산중정야독좌무언"[5]

이라고 써 붙인 것이다.

불전에 재배한 후 절 중에서도 존명이 높으신 박 수좌의 안내로 열어젖힌 소루(小樓)에 잇달린 한 방에서 예필좌정(禮畢坐定)[6]하니 그 곳이 여승암이요, 또 맑고도 고요한 수좌의 얼굴이라 우리는 병 속에서 제가 있던 수층(水層)에 놓여난 고기와 같이 마음과 동작하는 데까지 자유롭고 편안하여 무척 무관하여진다.

암의 전후좌우는 청송과 잡목이 멋있게 엉키어 그 번음(繁陰)[7] 아래는 청풍이 놀고 있는 듯 방향(芳香)을 희롱하고 어디서 오는지 홈대를 타고 석함(石函)에 떨어지는 맑은 물소리와 즐거운 조제성(鳥啼聲)[8]의 양미(凉味)[9]는 박 수좌의 그윽한 설법과 함께 염열지옥의 죄인들을 선경으로 한 걸음 한 걸음 녹아들게 하는 듯.

이러고 보니 사람이 피서를 하는지 여름이 피인(彼人)을 하느라고

---

5) 산중의 고요함에 홀로 말없이 앉아 있다.

6) 서로 수인사가 끝난 후 자리를 정하여 바로앉음.

7) 아주 두텁고 좋은 그늘.

8) 새 울음소리.

9) 서늘함.

"아이고 이 암자에는 있기가 싫구나."
하고 달아났는지 모르겠다.

약천은 극락암에서 제일 가까우나 아무 데서라도 멀지 않으니 단지 몸뚱어리가 더위를 잊고 서늘할 뿐 아니라 마음까지 위장까지 속속대로 시원하게 청정이 되니 비록 화려한 승경은 없을지나 대구 근방에 뜻있는 인사는 동화사로 가서 한여름 동안이나 마음과 몸을 남김없이 청정케 할지니라.

(《조광》, 1937. 8.)

청도기행

나는 방랑아

나는 어릴 때 북극의 오로라의 빛을 동경하여 외롭고 끝없는 방랑자가 되어보고 싶어 했었다. 낯 설은 이국의 거리를 외로이 걸어가며 언어조차 한 마디 붙여볼 수 없이 가다가 피로하면 희미한 가등 아래서 잘 곳을 찾아 방황하고, 발끝 향하는 대로 어디든지 흐르고 또 흘러가리라고 늘 꿈꾸었던 것이다.

방랑자! 방랑자! 이 얼마나 나에게 매력적 어구이었던가. 따뜻한 어머니 곁에 누워 방랑자의 가지가지 애상을 마음 속으로 그려보며 가만히 눈물짓기도 한두 번이 아니었었다.

그때 나는 스스로 이러한 감상을 함으로써 남보다 다른, 아니 평범한 소녀가 아니다라고 자부도 하였으며, 그 얼마나 아름다운 시적 감상인가고 생각하였었다.

그러나 지금은 값싼 유행가로 이러한 종류의 감상은 저락(低落)되어 버렸으나 나는 때때로 그때 나의 센티를 더듬어보며 못내 사랑한다.

이미 내 나이 반 육십이 되었어도 이십년 전 그때 감상에 젖기가 일쑤이니 웃는 자는 우스워하리라.

그러나, 근간에 이르러서는 너무나 병약해지고 억센 현실 속에 파묻혀 있었고, 또 안타까운 여인의 몸인 줄 알게 되어 감상은 감상으로 슬픔은 슬픔으로 제 혼자 가만히 앉은 자리에서 정리해 버릴 줄을 알게 되어 적으나마 세상만사, 천사만려(千思萬慮)를 모조리 불교적으로 귀결을 짓기가 일쑤이기도 하여졌다.

나의 이러한 심경의 변화를 세상은 흔히 있는 패배자의 자위라고 돌릴지 모르나 나 자신은 그러한 것이 아니다. 오척여 치의 작은 몸뚱이 하나 속에다 이 세상을 모조리 정리하여 축적하려는, 그리고 나 스스로를 '소(小)'에 붙잡히지 않는 인간을 만들려는 그러한 체념에서이다.

이번에 뜻하지 않는 먼 여행을 하게 된 것도 내가 어릴 때의 감상을 버리지 못하여 쥐어짜 만든 찬스가 아님이 기뻤던 것이다.

왜냐하면 이 여로에 오른 후 이윽히, 가다가 문득 옛 꿈이 실현 되었구나…… 하는 느낌에 너무나 기쁘고 반가운 듯하여 거리낌 없이 어린 그때로 획 돌아가 버려 마음껏 감상하리라고 생각하였던 것이다.

위병으로 입원했다가 퇴원한 지 사흘 만에 뜻하지 않은 먼 길을 갑자기 떠나게 되고, 또 가는 길이 허구 많은 곳을 다 버려두고 구태여 총탄에 허물어지고 창검에 짓밟힌 패잔의 중국 땅임이 얼마나 나를 기쁘게 하였는지 모른다. 참으로 형언할 수 없는 기쁨이었다. 기쁨은 누구나 흔히 상상하는 그런 이유의 기쁨이 아닌 것은 여기서 말하고 싶지 않다.

황해 낭만

집을 떠나기는 작년 구월 이십삼일이었다. 가벼운 트렁크 한 개에 가득 위병약과 몇 가지 의복을 채워 들고 기차에 올라 우리 집 뒤를 달려 지날 때, 언니는 과수원에 무르익은 새빨간 능금[1)]나무 사이에서 머리에 썼던 수건을 벗어 높이 높이 흔들어 주었다.

대구에서 잠깐 내려 투어리스트 부로에 문의하니 기선이 인천을 떠나기는 이십오일 오전 여덟시라고 하므로 나는 서울서 하루 쉴 셈치고 즉시 승차하여 상경한 뒤 다시 기선회사에 물어보니 이십오일 오후 한시라 했다. 우선 선표를 예약하고 하룻밤을 쉰 후 인천으로 향했다.

인천 가서 다시 알아보니 오후 세시라야 출범하겠다고 하므로 시내를 한 바퀴 돌아서 다시 기선회사로 가니 오후 여섯

---

1) 원전에는 '임금(林檎)' 으로 되어 있다.

시라야 출범하겠다고 하므로 우선 저녁 참으로 간단한 식사를 치룬 후 승선하였으나 여섯 시가 지난 지 오래이므로 다시 또 선원에게 물어보니 여덟 시라야…… 라는 대답이었고, 여덟 시가 지나니 또 열한 시라야…… 라는 대답이었으므로 기가 막혀 카빈으로 들어와 누웠었다. 텅 빈 선실 안에 홀로 누웠으니 잠이 올 리 없고, 또 내가 그대로 잠이 들다가는 그대로 인천항에서 한 번 출범도 못해보고 마칠 것만 같은 불안에 다시 갑판으로 나서니 고요한 물결에 흐르는 전등 빛이 가슴을 에는 듯하여 두 눈을 꼭 감으며 다시 선실로 돌아왔다. 침의(寢衣)로 갈아입고 드러누우니 가슴이 저린 듯 아파 입술을 두어 번 물어뜯고 가만히 누웠다. 불행히 지식(止息)되어 있는 위병이 다시 시작되면 아무래도 황해바다 넓은 물결 위에서 내 영혼을 잃어버릴 것만 같아 얼른 두 가지 약을 먹고

"자자! 자자!"

어린애기 쓰다듬듯 내 마음을 달래서 생각을 돌리려했다.

무척도 지루하던 시간은 그래도 제 갈 길을 또박또박 흘러가 깊은 밤 새로 한 시가 되었다. 그때야 비로소 동라(銅鑼)[2]가 울리며 닻감는 소리가 듣기고 배가 움직이기 시작했다.

정들은 내 땅, 너무나 정든 내 땅! 이 땅을 홀로 떠나는 이 깊은 밤중의 항구!

나는 목석인 양 눈을 감고 자는 척 무감각하려 애썼었다.

---

2) 징.

바다의 하룻밤은 밝아, 세수를 하니 아침식사를 알린다. '살롱' 으로 나가보니 선장 외 사오 명의 식탁이 준비되어 있었다. 단 하나 여인객(女人客)으로서 무척 아낌을 받으며 식사를 하는 사이에 둘러앉은 이들의 얼굴과 말소리가 퍽이나 평화롭고 부드러움이 또한 나를 기쁘게 했다.

이들은 모두 밤과 낮을, 그리고 더움과 추움을 가리지 않고 세상을 떠나 광활한 창랑 위에서 다만 한 척의 배에 운명과 생명을 맡기고 있는 터이라 이 사이에 서로 뜯고 싸우고 할 그 무슨 이유가 있으리오.

식사 후 오래도록 선장과 잡담을 교환한 후 갑판으로 나오니 삼등객들이 재미있게 놀고 있었다.

인육의 장으로 가는 사람들

그 사이에 수십 명의 우리 딸들이 과장된 화장과 야릇한 양장으로 외잡(猥雜)스런 농담을 주고받으며 희희낙락하는 것이 내 눈을 끌었다.

나는 이들을 물끄러미 바라보고 서 있는 동안에 현기가 나므로 선실로 돌아와 잠깐 진정한 후 다시 갑판으로 나서니 갑판 한편 으슥한 곳에 고개를 숙이고 두 소녀가 울듯이 서 있었다. 이 두 소녀도 다 함께 팔려가는 처지임은 그 야릇한 양장이 증명해 주었다.

나는 가슴이 선듯하여 그들의 어깨에 손을 얹으며 위로 할

말이 없어 이름이 무엇이냐고 물어 보았더니

"나는 하루꼬! 이 애는 미도리!"

라고 대답하는 두 소녀의 눈은 아직 티끌이 없는 광채를 가지고 있었다. 더 묻지 않아도 그들의 가슴 속을 내 다 알 수 있는 듯하여 잠잠히 서 있으려니 두 소녀는 깔아질 듯한 침묵으로 그리고 은근한 표정으로 애원하듯 호소하듯 나를 바라보고 있었다.

그들의 눈에는 일등객인 내가 무척 부자로 보였음인지 금방 그 맘 속을 서리서리 풀어내어 구원을 바라는 듯하였으나 이 가엾은 두 딸을 위하여 내 일시 감상에 눈물이나 흘렸지 그 외에 무슨 떳떳한 도리가 있으리오.

지나(支那)천지의 억세고 거친 성욕의 대상으로 장차 이 아름다운 두 딸의 육체는 허물어지고 말 것임을 미리 알고 전율짓는 기막힌 이 사실!

나는 감연히 고개를 돌려 이 딸들을 낳아준 땅, 길러준 땅, 그 땅이 있는 동편 하늘 아래를 쏘아보았다.

그러나 다만 눈에 보이는 것은 막막한 수평선이 구름하늘에 잠겨 선미를 따라 솟았다 잠겼다 할 뿐이요, 어디로 보아도 조그만 섬 하나 없으니 묘묘한 창랑뿐이다. 어느 곳에다 이 딸들의 설움을 호소하리…….

청도만두(青島灣頭) 마음은 흐리다

또 하룻밤은 새어갔다.

애틋한 가지각색의 운명을 실은 이 배는 지금 멀리 청도만을 바라고 시속 십 마일로 달리고 있다.

서로 평온한 항로였음을 축복하여 마지막 점심을 먹으니 내 인생의 항로는 거칠고 사나웠으나 지금 내가 가는 이 항로의 평온하였음이 기적같이 느껴졌다.

트렁크를 수습하여 갑판에 나서니 오른편으로 깎아 세운 듯한 영산의 준봉을 끼고 좌편으로 대소(大小)의 아름다운 섬들을 돌아 청도만으로 들어갔다.

"아, 아름답다."

일제히 감탄하며 바라보았다.

푸른 수림 속에 붉은 기와 흰 벽에 즐비한 양옥들이 궁형(弓形)으로 둘러앉은 청도!

새파랗게 잔잔한 청도만의 아름다움!

한 번 안상(岸上)을 바라보니 수백의 쿨니[3]들이 늘어서 있는 것이 눈에 띄었다.

그들의 얼굴과 몸뚱이는 동시에 생기란 것을 모조리 잡아 빼버린 듯했다. 야위고 생기 없고 더러워 보이는 쿨니들을 마치 자욱이 널어두었던 빨래를 몰아 걷듯이 좔우룩 한 아름씩 모아다 차국차국 싸보고 싶은 충동을 느꼈다.

---

3) 원전에는 '고력(苦力)'으로 되어 있다. 쿨니는 육체 노동에 종사하는 하층 중국인.

저렇듯 반송장 같은 동물로라도 인간 수효를 채워야 되는가. 인간 수효가 많으면 좋을 것이 무엇이랴. 조눌수의 타작(馱作)인 저러한 인간의 제조는 그만 둠이 어디로 보든지 상책일 성싶다. 나, 일개 인간으로서 조물주에게 항의하고 싶었다.

극도로 무력하고 극도로 비굴하고, 사람다운 생기라곤 티끌만치도 없는 저 많은 쿨니들을 지나의 넓은 땅 어느 구석진 곳으로 일속 시켜가지고 착착 쌓고서 말갛게 치워 버리고 싶었다.

일보(一步), 청도땅을 밟고서 세관으로 들어가니 지나인 관리가 짐을 조사했다. 나는 트렁크를 한 지나인 관리 앞에 내밀고 서 있었다. 그는 미남이라기보다, 호남자 타입으로 장대한 사내였다. 나는 얼마만치 겸손한 태도로 내 짐을 조사해 달라고 했다. 그러나 그는 먼저 가져다 놓은 지나인들의 짐을 샅샅이 조사하느라고 좀처럼 내 차례에 돌아오지 않았다. 나는 조금 강한 태도로 고치며

"니야! 워디 쾌쾌!"[4)]

하고 내 트렁크를 가리키며 내 짐부터 조사해 주지 않으면 그대로 들고 나갈 듯한 기세를 보이자 그는 나를 힐끔 쳐다보더니 트렁크를 열어젖혔다. 그리고 분홍색 백묵을 든 손으로 의복을 뒤적거리려했다.

"부요!"[5)]

---

4) 너! 빨리빨리!

5) 필요 없어!

나는 되 든 안 되든 아무렇게나 그래도 무게 있게 한 마디를 부르짖고 그의 손을 떨쳤다. 말하자면, 내 의복류가 그의 손으로 더럽혀지니 그만 보고 치우라는 뜻이었다. 그는 무엇이라 고개를 끄덕거리며 트렁크 위에다 사인을 해주었다. 그 순간 나는 구역이 날 만치 불쾌했다. 사내답게 생긴 그의 얼굴이 멍텅구리같이 보여졌다.

현란(絢爛) · 여사(旅舍)의 밤

세관을 나와 인력거(人力車)를 집어 타고 시내로 들어갔다. 아스팔트의 도로며 눈에 보이는 한 모두 깎아 세운 양옥뿐이요 어디 하나 조선이나 내지에서 보는 나직나직한 집이라고는 약에 쓸래도 찾아 볼 수 없었다.

그 옛날 동경 '마루노우찌'를 걸어보며 꼭 외국과 같다고(본적이 없긴 없었지마는) 생각도 했고 듣기도 하였던 것이 지금 생각나며 정말 외국이로구나…… 하는 느낌이었다. 다만 내가 상상하던 중국의 정서라고는 찾아볼 수 없는 것이 섭섭했다.

가도 가도 끝이 없이 인력거는 내닫고 있었다. 문득 헐떡이며 땀을 흘리며 나를 끌고 가는 차부(車夫)의 모양을 바라보니 겨우 지나 땅임을 말하는 듯하여 홀연 긴 한숨을 내품으며 고개를 드니 노독안약(老篤眼藥)이라고 크게 붙인 광고가 눈에 띄었다.

"노독안약! 로도 안약이란 거로구나."

하고 스스로 고개를 끄덕여 보았다.

삼십 분 이상을 가도 가도 깨끗하고 아름다운 거리를 달린 후 겨우 내가 찾던 집이 수림 중에 솟아있는 것을 발견하고, 조선서 백만장자도 저만한 집에 살지 않는 것을 생각해보며 집안으로 들어갔다.

그날 밤 삼층 동남향의 일실(一室)이 내 방으로 정해지자 식당에서 화식(和食) 저녁을 먹고 내 방으로 올라갔다. 혼자 자기가 아까운 넓고 푹신한 침대에 먼저 뒹굴어 본 후 그냥 잠들기 아까워 창문을 여니 베란다가 보였다. 나는 곧 도어를 열고 베란다에 나섰다. 희미한 전광에 비치는 베란다 난간에는 각색 화초분이 놓여 있어 그 사이를 이윽히 왕래하며 사방을 둘러보았다. 이 곳 청도는 평탄한 도회가 아니고 고저가 심하여 무수한 기복으로 형성되어 밤의 경치가 버릴 수 없었다. 낮에 보아도 수림 속에 혹은 연분홍 혹은 하얀 벽에 붉은 기와 자색 기둥이 장관이었지마는 밤에 보는 청도는 혹은 반공중에, 혹은 저 깊은 곡간(谷間)에 시선이 닿는 곳까지 수천만의 창들이 깜빡이고 있으며, 집 앞 길 위에는 조용히 이야기하며 쌍거쌍래(雙去雙來)하는 양인군(洋人群)이며 또 한편은 잔잔한 바닷물이 보여 도시라기보다, 항구라기보다 별장지(別莊地)같은 느낌이었다.

내가 있는 집의 바로 옆집이요, 지금 내 눈앞에 보이는 아름다운 집은 불란서[6] 국기가 달려 있고 창으로는 희고 고운 레

6) 원문에는 '불국(佛國)'으로 되어 있다.

이스 커튼이 각 층마다 밝은 전등에 비쳐있고, 현관 앞과 베란다의 대리석 원주가 무척도 그 집을 호화스럽게 보이게 했다. 나는 발 앞에 끌리는 치맛자락을 걷어쥐며 어느 집, 어느 창에서 흘러나오는지 피아노 소리와 조용한 삼부 합창이 들려 가만히 귀를 기울이고 서 있었다. 조선서는 아무데서나 들을 수 없을 멜로디이다.

홀연 우리 땅을 멀리멀리 떠나왔음이 새삼스레 알아지며 눈을 들어 동편을 멀리 바라보니 주먹만큼 한 흙담집과 가물거리는 호롱불 아래 이야기책 읽고, 바느질하는 모양이 꿈 속같이 어두운 하늘 저쪽 밑에 보이는 듯했다.

'오첸크라씨바야' 치마저고리

그 이튿날 아침 식사가 끝나자 곧 나로서는 과한 피로임에 위통과 현기증이 날까 봐 두려워하면서도 집을 나섰다. 홑몸으로 인력거를 집어타고 제일 번화한 산동로(山東路)를 찾아갔다. 양녀의 고운 자태를 나는 혼을 잃고 바라볼 뿐 두 눈이 혼돈되었다. 양녀는 물론이요, 지나 여인까지 머리를 파마넨트 웨이브하지 않은 사람이 없고 의복의 찬란함과 체격의 훌륭함이며 지나녀(支那女)의 곡선미를 그대로 나타내는 의복미가 모두, 시골뜨기 나에게는 구경거리였었다. 나는 인력거를 내려 걷기 시작했다. 길가 쇼윈도에 비치는 내 모양이 내 스스로 부끄러운 듯하여 화장하지 않았던 것이 후회되었다. 나의 이런 마음은 허영심에서가 아니다. 내 옷이 세계에 자랑하는 우리 조선옷이었던 까닭에 중복(中服), 양복에 손색없음을 자랑하려는 심리였으니 아무리 좋은 옷이라도 얼굴 모양이 더러우면 그 옷 모양까지 무시 받을 염려가 있었던 까닭이다. 오고가는 사람이 나를 바라보지 않는 이 없었다. 이윽히 걸어가는 중 한 떼의 양녀 군이 나와 스쳐 지나게 되자 그들은 발을 멈추며 돌아서 나를 보는 모양이었다. 그리고 내 귀에 이미 조금 아는 로어(露語)로

"크라시 위(아름답다)."

라는 단어가 날라들었다. 나는 불쾌하지 않았다. 우리 옷을 좋지 못하다기보다, 비록 그 따위 백계(白系) 로인(露人)에게서라도 아름답다는 말을 듣는 편이 좋지 않을 수 없었다.

길가의 육림(肉林)과 네 사람의 지나 남자

길가에는 김이 무럭무럭 나는 솥과 누렇게 기름에 띄운 아부라게(油揭)라는 것 비슷한 것을 놓고 팔고 있는데 그 주위에는 쿨니들이 둘러앉아 사발에다 미음 같은 것을 한 사발씩 들고 마시고 있다.

더럽기 짝이 없는 손으로 그 아부라게 같은 것을 짓긋짓긋[7] 뜯어서 대접에 주워 담은 후 솥뚜껑을 열고 미음 같은 것을

7) 지끈지끈

떠 부어서는 얼마씩에 파는 것이었다. 나는 위가 늘 아픈 터이라 미음이나 죽 같은 것을 즐기는 까닭에 그것이 깨끗한 것이면 그것만 사먹었으면…… 하는 생각이 들었다.

방향 없는 내 발끝은 되는대로 길 난 대로만 자꾸 이편으로 저편으로 걸어가다가 한 소로로 들어갔다.

그 곳은 좁은 길 좌우에 고기의 집적(集積)이라고 해야 옳을지 어디로 보아도 먹음직하게 구운 것, 삶은 것, 각색 육류가 쌓여 있어 실로 내 위병이 원망스러웠다. 대체 이 많은 고기를 누가 다 먹는가, 하는 의심이 나지 않을 수 없었다.

나는 참을 수 없어 용기를 내어 한 길로 들어가서 그 중에도 갓 구워서 내놓은 우육(牛肉)을 조금 사겠다고 하니 그들은 이층을 가리켰다. 쳐다보니, 기름과 때와 연기에 절어 있는 그야말로 숨이 막힐 듯한 이층이었다. 나는 호기심이랄까, 엽기심(獵奇心)이랄까 좌우간 서슴지 않고 층층대를 올라가 한 테이블에 앉았다. 테이블과 의자, 벽과 기둥, 어느 곳에도 손을 대면 늣깃늣깃[8] 들어붙을 것 같아 뾰족하게 걸터앉아 있으려니까 네 사람의 인상이 아주 험악한 지나인이 들어와 나를 아주 재미적은[9]시선으로 바라들 보며 곁에 테이블에 가 둘러앉았다.

'어랍시요, 내가 돈 가진 줄 알고 따라 들어온 거로구나, 지나인은 먼저 죽여 놓고 난 후에 도적질을 한다던데…….'

---

8) 근적끈적

9) 재미가 있는

하는 생각에 몸이 오싹해졌다. 아무리 소리쳐도 길가에 들릴 리도 없을 것 같고, 또 그 근처에는 단 한 사람도 외국인은 물론이요, 내선인(內鮮人)은 지나가는 것을 못 보았던 것이 홀연 생각나며 나는 침착함을 잃을 지경이었다. 손에 쥔 지갑에 든 돈은, 다 빼앗기면 그것도 아까울 일이었다. 손이 베일 백 원 지화가 몇 장 들었으니 나에게는 큰돈이었다.

그러나 벌떡 일어서 나올 기력도 없고 하여 좌우간 당하는 대로 당해 보자고, 한 번 턱 버티고 있는 수밖에 없었다. 이윽고 가져온 고기와 만두를 먹을 정도 없는 것을 간신히 조금씩 맛을 본 후 회계를 하라고 명했다.

보이가 오더니 젓가락으로 만두를 세어 보고 내 얼굴을 바라본 후

"이모우."

라고 한다. 그들은 내가 먹은 것만 값을 치는 것이요, 먹지 않은 것은 값을 받지 않는 모양이었다. 얼른 일금 십오전을 내던지고 바삐 층층대를 뛰어내려 그 소로를 벗어났다.

등에서는 찬 땀이 나는 것 같았다.

대로에 나선 후 휘, 한숨을 쉬고 지금 나온 그 골목쟁이를 돌아보았다. 컴컴하게 기름연기 속에 복닥거리는 지나인, 길 좌우의 그 많은 고기들이 보였다. 쿨니들이 그같이 굶주리고 조식(粗食)[10]을 하면서도 그 고기를 훔쳐가지 않는 것이 기특

10) 거칠고 형편없는 밥.

하다고 생각이 들며 경우 바른 우리들은 먹든 안 먹든 한 번 청했던 음식은 꼭꼭 제값을 다 받는데, 그처럼 엉큼한 지나인이 꼭 먹은 음식만을 값 치는 상법이 기이한 느낌이었다. 이것은 상인이 그런 법을 만들어 내었다기보다, 객이 그런 법을 만들어 낸 것이리라고 어디까지든지 나는 지나인을 오해한다.

십오 분 사진 · 독일 소년

그 길로 인력거를 타고 해변으로 나가 십오 분 간 사진이란 것을 박았다.

풍경 좋은 곳에는 사진사가 얼마든지 있어 수시로 응하는 것으로 밀감 상자 두 배나 됨직한 상자에 기다란 삼각이 달린 것과 조그마한 소학생 손가방 같은 것 한 개, 물주전자 한 개, 이것이 즉 십오 분 간 사진사, 아니 가두 사진사가 가진 바 전부이다. 좌우간 사진을 찍은 지 십수 분 후에는 내 손에 지금 박은 사진을 쥐어 주며 소중판(小中板) 넉 장에 오십 전이 정가이니 그들의 그 야바위 같은 기술에 나는 웃음을 참을 수 없었다.

사진을 박아 쥐고 심해진 위병 까닭에 집으로 들어와 진정하려 했으나, 아까 먹었던 고기와 만두 냄새가 사라지지 않아 무려 이십여 시간 고통을 했다.

창을 열고 아픔을 참으며 조용히 누워 길을 내려다보노라니 새빨간 재킷을 입은 양녀가 자전거를 타고 비호같이 내닫고 있으며, 자전거 앞에 소형 독일기를 달아 재미있는 소리를 내며 달리는 금발 소년도 있었다.

건너편 테니스 코트 앞에는 어여쁜 양녀들이 자가용 자동차를 운전 해다가 주룻이 늘여놓고 희희낙락하니 테니스를 하고 있다.

인간 세상에 좋은 것이란 모조리 외국인들만이 다 하고 있구나! 하고 나는 장탄식을 불금(不禁)하였다.

밤비 다한(多恨)

밤이 되어 무료함을 참을 수 없어 거리에 나서니 흐린 하늘엔 조각달이 비꼈는데 해안 도로를 걸어가니 발 아래 흰 물결이 깨어지며 해상에 찬란한 불은 섬인가 하였더니 각국 기선이었다.

너무나 감상에 흘러감을 건잡으려 인력거를 타고 영화관으로 갔었다.

로버트 테일러를 구경한 후 나오니 기어이 짙었던 하늘도 울음을 터트리고 말았음인지 비가 좍좍 내렸다.

인력거를 타려 하니 차부(車夫)들은 청기(晴氣) 때의 그 굽실거리던 태도는 탈(假面)을 벗어던진 듯 아주 버티었다. 그 꼴이 괘씸하다기보다 나는 지나인의 일면을 비로소 보는 듯한 느낌에 입을 다문 채 짧은 고소를 지은 후 말없이 한 차에 올라앉았다. 이윽히 달리다가 생각하니 와락 무서운 정이 들어 호로를 거들치고 내다보니 거리는 자는 듯 어두워졌고 차를 누가 뒤에서 밀며 따라오는 기척이 있으므로 비를 노다지[11] 맞으며 내다보니 조그마한 소년이 차를 밀며 따라오고 있었다. 나는 다시 앞을 바라보니 끄는 차부 역시 연약한 이십 전후의 조그마한 소년이었음에 잠깐 놀라 뿌려대는 비를 관계치 않고 호로 한 자락을 걷은 후 그들에게 말을 건넸다.

이따금 끄는 소년은 기침을 심히 하며 차가운 비가 새어드는 목덜미를 움츠리곤 하면서도 그래도 쉬지 않고 내달렸다.

집문 앞에 내려 차부에게 삯값을 후히 준 후 뒤를 밀던 소년에게도 백동전 몇 개를 쥐어 주고 나는 그 얼굴을 들여다보았다.

겨우 열 두셋 밖에 되지 않은 이 소년의 비에 젖은 웃는 얼굴이 희미한 전등에 비쳐 미목(眉目)이 청수함에 가슴이 아파 그의 머리를 쓰다듬어 준 후 방으로 들어오니, 나갈 때 그대로 열어둔 채였던 창에서 뿌려든 비가 창 앞 테이블을 흐먹이 적시고 있었다.

나는 피로를 겨우 참으며 팔짱을 끼고 한 편 창에 가 기대섰다.

바로 눈 아래 있는 ××부대의 군마의 코를 울리는 소리가 처참하고, 문전에 총검으로 보초를 서고 있는 병사의 그림자가 전광에 비쳤다.

나는 문득 이십년 전에 애상하던 꿈들이 생각나며 가슴이

---

11) 고스란히

찡해져 움직일 줄을 잊고 가끔 번쩍번쩍하는 보초병의 총검에 혼을 빼앗기고 있었다.

거리 어귀마다 지키고 서 있는 황군 병사며, 중요건물 앞에 쌓아놓은 토낭(土囊)이 내지보다 다른 전시적 기분을 말하고 있는 듯할 뿐이지 그 외는 어디든지 평화한 청도이다. 무서운 전화가 스쳐 지난 곳 같은 느낌은 찾아볼 수 없게 완전히 일본이다.

순사 파출소가 곳곳이 있으나 모두 지나인으로서 입구에 '문사처(問事處)' 라는 목찰이 붙어 있다. 네거리에 서 있는 교통 순사 역시 깐충하게[12] 차린 지나인 순사들이다.

추석날과 청도포대(青島砲臺)

구력(舊曆)! 팔월 십오일 추석이다. 거리마다 곱게 단장한 남녀노유의 지나인들이 삼삼오오로 쌍두마차에 빗겨 타고 왕래가 자못 많았다. 나 역시 집을 나서 인력거에 편안히 젖히고 앉아 청도명승을 샅샅이 뒤져보려 했다.

극채색의 미려한 해군 잔교를 배경으로 군인들 틈에 끼어 십오 분 간 사진을 박은 후 그 길로 오른손에 바다를 끼고 이윽히 달리다가 해빈공원의 청수한 풍경을 두루 구경했다.

그곳서 멀지 않는 수족관의 굉장한 건물을 지나는 동안 가

12) 모양새가 깔끔하고 세련되어 보인다.

로의 아름다움에 정신이 까무러질 지경이었다.

층층이 깎아지른 양옥의 멋진 배치며 우거진 아카시아 나무 사이사이로 흘러나오는 가로의 고저가 기막히게도 아름다웠다.

나는 혼을 잃고 차부가 끌고 가는 대로 몸을 맡기고 있는 사이에 제일공원의 기묘한 화초수목을 살펴본 후 한길로 포대를 향했다.

눈 아래 내려다보이는 잔잔한 해변! 부드러운 모래는 어디까지나 이어져 있고, 각색 형으로 만들어 세운 흰 판자의 집들이 얼마든지 들어 서 있다. 바깥벽에는 각국 문자로 만화영화에 나오는 집 모양으로 익살맞게 씌어져 있다. 해수욕 시절에 이곳의 놀음이 그 얼마나 유쾌할까를 보지 않아도 알 수 있는 듯했다.

포대까지 가는 도중의 이국정서가 흐르는 가옥이며 가로는 어떻다 형언해야 가슴이 시원해질지 모르겠다.

포대에 올라 사방을 둘러보면 눈 아래 장엄한 파도가 노효하고 기암층만(奇巖層巒)의 굴곡 사이로 물결은 부딪쳐 백화로 깨어지며 그칠 줄을 모르니 조선의 해금강에 비해본들 죄되지는 않을 것이리라.

포대는 청도만을 지키고 선 한 개의 산이지마는 그 내부는 전부가 철근 콘크리트의 강철로 되어 있어 어떠한 폭격에도 꼼짝하지 않고 수천 병사가 몇 날이든 들어앉아 응전해 나갈 수 있게 되어 있다.

그뿐 아니라, 그 산 속에서 일생을 살아도 부자유함이 없으리만치 완전한 설계로서 생활에 필요할 제반 시설이 만단(萬端)으로 구비되어 있다.

곳곳에 있는 조그마한 어느 철문을 들어가 내부에 이르니 끝 간 데가 어디인지 불과 사오실만을 회중전등으로 비춰본 후, 그 전부를 탐험해 볼 용기를 가진 사람은 아무도 없는 모양인 것 같아 뒤돌아 나오고 말았다.

'이것도 사람의 힘으로 만들어진 것이다.' 라고 감탄시여(感歎時餘)에 포신에 걸터앉으니 석일(昔日)의 독일이 일독전쟁에서 이러한 포대를 가지고도 그 위력을 감히 발휘치 못하였고 금일 또한 지나사변에 서주(徐州)의 여차한 포대가 역시 여차한 운명으로 떨어지고 말았으니 비록 적군의 일일지라도 가여운 생각이 들지 않을 수 없다.

그뿐 아니다. 청도만의 그 무수한 지나 군함이 자침(自沈)하여 황군의 입항내격(入港來擊)을 방지하려 하였으니 그들은 대항하여 싸우기보다 스스로 자침되어 그 길만을 막아서 청도를 보전하려 하였던 것인데 지금 도리어 황군의 손으로 인상(引上)되고 있으니 한숨 쉴 일이리라.

귀로에 인력거 위에서 문득 차부를 바라보니 여위고 가녀린 차부의 등은 흐묵이 땀에 젖었으나 그는 쉬지 않고 달리고만 있다. 무려 삼십여 분 간을 내닫고 있는 그 에너르기가 대체 그 여위고 말라빠진 차부의 어느 구석에 숨어있는지가 알고 싶었다.

이들의 놀랄 만한 인내성과 잠재된 주력은 나를 문득 고소케 했다. 그 이유는 지나 병사나 순사들의 아랫도리가 지나치게 경민(經敏)한 단속임에 비하여 황군의 묵중한 아랫도리를 연상케 하였음이니 이들 지나인들은 미리부터 달아나기 편하게 봉오(鋒仵)되어 있는 듯했다. 전장에서 삼십팔계중 주계제일(走計第一)로 유명함과 유기적 관련을 가지고 있는 것이다, 라고 생각되었던 것이다.

그 밤에 나는 중추명월을 그대로 보내기 아까워 해군 잔교로 나갔다.

꿈같이 아름다운 거리! 아카시아에 머리를 스닿기우며[13] 흐르는 달빛을 바라 양편 포켓에 손을 꽂고 천천히 걸어갔다.

젊은 남녀들은 빈틈 있을까 두려운[14]듯 굳게 서로 팔을 끼고 무엇을 속삭임인지 지극히도 정다워 보이게 쌍거쌍래하는데를 나 홀로 걸어가기 체면에 안 되었었다.

그러나 이들은 나 같은 이름조차 없는 미미한 방랑객을 조롱이나 하듯 발길을 멈추고 소리가 들리도록 입을 맞추는 모양은 내 얼굴이 붉어지는구나, 라고 말하려니 내 너무 속된 듯하여 미소하고 지나 가 섰다.

이별 유수(有愁)

시월 십오일 청도를 떠나려고 부두에 나가 이층의 길고 긴

---

13) 스쳐서 닿다.

14) 원전에는 '두리는' 으로 되어 있다.

행랑을 각국 사람들, 그 중에도 다수한 백계(白系) 로인(露人)들과 한 가지 어깨를 스쳐가며 걸어가는 동안 나는 방랑자의 애수와 이국 표랑의 정서를 가슴이 아프게 맛보았다.

승선 후 캐빈에 행구를 두고 갑판에 나서니 양인들의 입 맞추는 모양이 수없이 눈에 띄고 멀리 잔교 난간에, 케리 쿠퍼의 모습을 가진 외국 청년 한 사람이 턱을 괴고 걸터앉아 물끄러미 이편을 바라보고 있어 사진기가 있으면 한 장 박아보고 싶은 풍경이었다.

나는 가슴 속으로 '아름다운 청도여, 내 다시 너를 찾을 때, 너 아름다운 아카시아의 산보로(散步路)를 함께 속삭이며 걸어볼 동무를 찾아오리라!' 라고 쓸데없는 생각을 해 보았다. 나에게 이러한 생각을 잠시나마 가지게 해 준 것은 청도의 매력이 얼마나 깊은지를 말함이리라.

이리하여 이십여 일간 정든 청도를 뒤로 하고 그 이름 이미 세상에 떨친 지 오래인 여도(麗都) 상해로 향했다.

(《여성》, 1939. 5.)

나의 시베리아 방랑기

나는 어렸을 때 '잼'이라는 귀여운 이름을 갖고 있었다. 그러나 개구쟁이 오빠는 언제나 "야, 잠자리!"하고 나를 불렀다. 호리호리한 몸에 눈만 몹시 컸기 때문에 불린 별명이었다.

나는 속이 상했지만 오빠한테 싸움을 걸 수도 없어서 혼자 구석에서 훌쩍훌쩍 울곤 했다.

울고 있으면 어머니는 또 울보라고 놀리셔서 점점 더 옥생각하여 하루 종일 훌쩍거리며 구석에 쪼그리고 있었다. 그러다 심심해지면 벽에다 손가락으로 낙서를 하며 무언가 골똘히 생각했다.

내가 훌쩍거리던 그 구석 벽에는 세계지도가 붙어 있었다. 나는 언제부터인가 훌쩍훌쩍 울 때면 마음을 달래기 위해 그

지도 위에 선을 그으며 '여기는 미국! 우리 집은 이런 데 있구나!' 하며 혼자 재미있어 했다. 그럴 때 누군가가 러시아를 가리키며

"여기는 북극이라 사람이 살 수 없단다. 낮에도 어두컴컴하지. 그리고 오로라를 볼 수 있단다."
라고 말해주었다.

나는 북극, 오로라, 낮에도 어둡다,라는 말에 '어머! 멋있는 나라겠다' 라고 생각했다. 십삼 세 소녀의 꿈은 끝없이 펼쳐졌다. 그때부터 나의 홀짝홀짝 구석에 붙어 있는 세계지도는 내 생활의 전부인 듯이 생각되었다. 북극, 오로라만이 아니라 레나강도 찾아내었고 바이칼호도 우랄 산도 나의 아름다운 꿈 속에서 동경의 대상이 되어버렸다.

"언젠가 꼭 레나강에 조각배를 띄우고 강변에는 자작나무로 된 통나무집을 짓고 눈이 하얗게 덮인 설원을 걸으며 아름다운 오로라를 바라볼 거야! 그리고 초라한 방랑시인이 되어 우랄 산을 넘을 땐 새빨간 보석 루비를 찾아 볼가의 뱃노래를 멀리서 들을 거야."

나는 뱃노래를 멀리서 듣는다. 내 머리 속은 공상의 즐거움으로 가득했다.

어떻게 나 같은 울보 잠자리가 누가 봐도 어울리지 않는 이런 꿈에 젖었는지 조금 이상하다. 정말로 나는 이상한 여자애였다.

이 이상한 여자애에게도 시간은 흐르고 세월은 쌓여 열아홉

살의 봄을, 아니 열아홉 살의 가을을 맞이했다.

드디어 찬스가 왔다. 감상의 오랜 꿈은 빨간 열매로 익어 작은 손가방 하나를 든 소녀여행자가 된 것이다.

누가 알았을까! 이 소녀가 바로 행복과 애정으로 가득한, 따뜻한 가정을 빠져나온 마음 약한 잠자리란 것을. 게다가 난, 페르시안 고양이처럼 얌전한 모습을 한 채 허용될 수 없는 모험에 가슴을 콩닥거리며, 훌쩍훌쩍 울며 길러온 꿈을 향해 정신없이 달려 나갔다.

밤중에 고향을 나올 때, 병든 친구의 임종을 지키기 위해서라고 난생 처음 어머니에게 거짓말을 했다.

원산에서 배로 웅기까지 가는 동안 짧은 단발머리를 볼품없이 틀어올려 시골 여자애로 변장을 했다.

배(아마 이천 톤 정도의 상선이었다고 생각한다)가 웅기항으로 들어갈 때 선객은 모두 내릴 준비로 분주했지만 나는 재빨리 몸을 감출 장소를 찾느라 분주했다. 마침내 선객들이 내리기 시작하자 나는 초조한 마음을 견딜 수가 없었다. 그때 옆에서 누가 보았다면 내 눈은 새빨갰을 것이다.

"그렇지!"

하선객 속에 섞여 있던 내 눈에 갑자기 뛰어든 것은 변소였다. 그래서 변소 안에 숨어 배가 가는 곳까지 어디라도 가자, 만약 도중에 들키면 그뿐이다,라고 마음을 정해버렸다. 어떻게 그렇게 대담했을까!

그로부터 다섯 시간 웅기항에서 닻을 올리기까지 변소 안에

쭈그리고 앉은 채 숨을 죽이고 있었다. 다리가 저려오고, 아니 막대기가 되었다가 돌이 되고, 그리고는 어떻게 됐는지 무엇이 됐는지 알 수 없었다.

수상경찰의 선내 검사가 끝나고 배는 닻을 올리기 시작했다. 다행이 수상경찰의 눈은 벗어날 수가 있었다. 그 날카로운 경찰들도 변소 안에 페르시안 고양이로 변한 잠자리가 숨어 있는 것은 알아차리지 못한 것 같다. 이것으로 첫 난관은 무사히 통과한 셈이지만 앞으로가 문제일 수밖에 없었다.

웅기항을 출발하여 잠시 지난 후 누군가가 변소 안에 들어오는 것 같아 숨을 죽이고 귀를 나팔처럼 벌려 바짝 기울였다.

"으흠"

들어온 사람은 크게 헛기침을 하고 문을 노크했다. 나는 눈을 감고,

"나무아미타불"

일어서려 했지만 뭐가 되어버린 건지 모를 정도로 저린 다리가 말을 듣지 않았다. 문이 확 열렸다.

문짝 뒤로부터 그 사람 가슴 속으로 뛰어드는 애인처럼 쓰려져 버렸다.

그 사람은 놀라서 잠시 말도 안 나오는 듯 입을 다물고 있었다.

"부탁입니다. 살려주세요. 내 부모님은 러시아에 있습니다. 제발 러시아에 가게 해주세요."

라고 터무니없는 거짓말을 하고 눈물까지 흘렸다. 눈물은 정말로 나온 것인지도 모른다.

"안 돼요. 밀항하는 걸 들키면 죽어요!"

그 사람은 가장 먼저 이 말을 하고 무서운 얼굴을 했다. 하지만 민첩한 내 눈에 비친 그는 젊은 남자로 아름다울 리 없는 삼등실 보이의 면상이었다. 하지만 그런 사치스런 생각을 할 때가 아니었다. 다만 무작정 정말로 무작정 한시라도 빨리 구출 받고 싶다는 일심으로, 열심히, 내가 어여쁜 처녀라는 것을 알리고자 안달을 했다. 여자만의 무기! 그것을 가지고 그 남자를 극복하고자 하는 무서운 생각이었다.

'아아, 용맹스런 세상의 젊은 남성들이여! 이렇게도 약한 인종인가!' 라고 탄식할 마음의 여유는 없었지만 나는 아무튼 승리를 쟁취했다.

최후의 장면이 닥친다면 그때는 또 제이의 여자의 무기가 있다. 그래서 나는 두려워하지 않았다.

'유복한 가정의 외동딸. 게다가 청순하고 허위를 모른다. 나한테 반했으니 장래에는 이런 삼등실보이 따위는 우습지. 당당한 사위가 되는 거다!' 라고 그가 진심으로 자각하게까지 유도해가는 것……. 이건 그리 노력하지 않아도 가능한 일이다. 왜냐하면 나는 그때 정말로 순수한 처녀였고 아름다웠으니까, 그는 무지하기 때문에 이런 나의 본질을 알아도 멍청하게 속아 넘어갈 것이다.

그래서 나는 변소 안에서 선실 아래로 철계단을 따라 내려가 뱃짐과 함께 밀항 쥐가 되었다. 그는 나를 선녀처럼 대하며 더구나 사랑을 동경하면서 먹을 것까지 갖다 주고 위로해 주었다.

그의 뒷모습을 보며 혀를 쏙 내밀 정도로 닳아빠지진 않았지만 아무튼 재미있어 견딜 수가 없었다. 새까만 선저! 귓속에서 부서지는 파도 소리에 심장은 기쁨으로 떨렸다.

시간은 흘러 십여 시간 뒤, 드디어 배는 블라디보스토크에 도착하는 것 같았다. 그 보이의 마지막 경고를 받게 되었다.

"난 모릅니다. 곧 게베우[1]의 군인이 조사하러 올 겁니다. 그 때 들켜도 내 말은 하지 마세요. 들켜도 정말 난 몰라요."

라고 말하는 그의 얼굴이 어둠 속에서도 파랗게 질린 듯이 느껴졌다. 물론 내 간도 콩알만 해졌다. 잠시 후 시끄러운 구두 소리와 함께 게베우 군인이 직접 배 안을 조사하기 시작했다. 나는 각오를 단단히 했다. 총살당하는 것도 그렇게 무의미한 최후라고는 할 수 없어. 푸른 하늘 아래서 몇 발의 총탄을 맞고 픽 쓰러져 죽는 것도 재미있을 거야! 어쩌면 혹, 총살 오 분 전에 구출된 도스토예프스키의 운명을 이어받지 말라는 법도 없고, 아무튼 될 대로 되라,라고 생각하며 화물 밑에서 숨을 죽이며 기다리고 있었다.

그러나 나는 한없이 행운아였는지 게베우의 눈에서도 벗어날 수 있었다.

---

1) 러시아 헌병

"정말 다행이었어. 오늘밤 안에 이 배에서 도망가면 돼."

라고 그 보이 씨는 내 옆에 와서 기뻐해주었다.

그리고 열한 시간이 경과한 한밤중이었다. 갑판에서는 인부들이 화물을 내리려고 몰려들었다. 나는 남자모습으로 변장하고 인부 속에 섞여 들어가 그 보이 씨에게 일금 삼십 원을 답례로 건네고, 갑판에서 무려 십칠팔 척 아래에 있는 선창을 향해 두 눈을 꼭 감고 펄쩍 뛰어내렸다. 뛰어내리는 순간 양 귀가 공중을 나는 것도 같고 하늘로 끌어올려지는 것도 같았는데 다음 순간에는 선창 위에 엉덩방아를 찧고 너무나도 비참한 포즈로 내동댕이쳐졌다.

나는 부서진 것처럼 아픈 꼬리뼈를 양손으로 누르며 달아나는 토끼처럼 물건 뒤에 숨었다.

숨는 것까지는 좋았는데 다음 순간 내 심장은 얼음처럼 싸늘해지고 말았다. 번쩍 빛나는 처참한 빛을 띤 총검이 내 옆구리에 바짝 들이대어진 것이다.

아! 한심해라! 그때 나는, 잠자리 본성을 다 드러내 부들부들 떨며 으앙하고 아기처럼 울부짖었다. 아름답던 꿈! 동경하던 꿈 속에 빠져버린 나! 나의 꿈은 현실세계에서는 너무나도 무서운 모험을 동반하는 것이었다.

'앗!'

나는 무명천을 찢는 듯한 비명을 질렀다.

총검을 내 배에 들이댄 그 러시아 병사의 모습은 철제거인처럼 느껴졌다. 그는 큰 소리로 뭐라 뭐라 외치면서 나에게

서서 걸으라는 몸짓을 해 보였다.

'아이고 살았다!'

총검에 찔려 죽는 일은 면했구나, 하고 눈물을 닦으며 일어서서 병사가 가리키는 대로 걷기 시작했다.

걷다보니 어느 사이엔지 눈물은 말라버린 듯했다. 조금씩 정신을 차려가며 약간은 대담해지기도 하여 일부러 걸음을 늦춰도 보고, 빨리도 해보고, 때로는 딴 방향으로 걸어보기도 했다. 그러자 병사는 그 때마다 고함을 치며 허리 부근에 딱 들이댔던 총검을 옆구리 쪽을 지나 눈앞에 번쩍하고 빛나게 했다.

'엇!'

나도 지지 않고 그 때마다 기겁을 했다는 듯이 깜짝 놀란 표정을 지어보였다.

그렇게 얼마를 걸었는지 모르겠는데 십리도 넘었겠다고 생각될 무렵 한 채의 큰 건물 안으로 들어갔다.

들어가니 큰 테이블들이 나란히 놓여 있었다. 실내에 루바슈카를 입은 사람이 한 사람 있었는데 병사와 오랫동안 문답을 하더니 내 옆으로 다가와 몸을 수색한 후 한 의자에 앉게 해주었다.

그로부터 약 십 분쯤 지나자 다른 병사가 들어와 내게 말을 걸었다. 아주 무섭게 생긴 얼굴이어서 일부러 더 떠는 것처럼 행동했다.

잠시 후 그 병사가 나를 데리고 제칠천국과 똑같은 긴 계단을 걸어 마침내 칠층까지 올라갔다.

확실히 그곳은 내 고향집보다 하늘의 별들이 가깝게 보였다.

그리고 한 문을 열고는 들어가라는 몸짓을 하기에 나는 젖가슴에서 떼놓으려 할 때의 아기처럼 병사의 가슴팍에 확 달라붙어 버렸다.

"싫어요. 이건 감금이잖아."

하고 떼를 쓰는 아이처럼 발을 동동거렸다.

"안되겠네. 이 년! 왜 아우성이야."

그런 말이겠지! 병사는 점점 더 화를 냈다. 그때 문득 보니 병사의 모자 가장자리에 커다란 빈대가 유유히 산보를 하고 있어, 나는 깜짝 놀라 병사에게서 떨어져 들어가라는 방으로 뛰어 들어가 버렸다.

나중에 안 사실이지만 그 건물이 바로 '게베우극동본부' 인가 뭔가 하는 곳으로 내가 들어간 제칠천국, 그것은 유치장이었다.

매일 높은 창문에서 아래 길을 내려다보면 조선옷이나 기모노 모습은 한 사람도 섞여 있지 않았다. 양복을 입은 사람뿐이어서 나는 비로소 조국에서 멀리 떨어져 있는 것을 실감했다. 더구나 철창에 갇힌 몸이라고 하는 잠자리의 공포가 깊어갔다.

만 한 달!

그 후 어느 날 두 사람의 병사에 호송되어 배에 태워진 채 세 시간을 갔다.

끌려 내린 후 보니 산에 둘러싸인 목가적 정서가 넘치는 시베리아풍의 작은 항구였다.

무성한 풀숲 속에 빨간 깃발이 세워진 하얀 건물 안에 다시 갇혀 버렸다.

거기서 칠 일간! 철창은 부러지거나 굽어 있어 밤에 달이 뜨면 철창 밖으로 보이는 설경에 가슴이 어는 것 같았다. 아침과 저녁에 한 번씩 검은 빵을 한 근씩 나누어주고 대소변을 보게 밖으로 데리고 나갔다.

나는 밖에 나가는 것이 좋아서 그 때마다 밖으로 나갔다. 넓은 들판에 제각각 자리를 잡고 마음대로 용변을 보는 광경은 세계 어느 나라에서도 맛볼 수 없는 유머이다.

정해진 변소가 없다. 변소를 정해서 냄새를 참아가며 용변을 볼 필요가 없는 것이다. 어차피 넓은 들판이다. 설령 한 아름의 변을 떨어뜨린다 해도 이렇게 거대한 풍경에 무슨 흠이 되랴. 더구나 달밤에 달을 바라보며 총검을 든 보초병을 세워놓고 천천히 용변을 보고 있노라면 들뚱 맛,이라고 하면 좀 이상하겠지만 일종의 상쾌함을 느끼는 것이었다.

어느 날 새벽! 아마도 영하 이삼십 도는 되는 이른 아침에 나는 끌려 나왔다.

밖에 나와 보니 중국인 네 명이 나란히 서 있고 말을 탄 두 사람의 병사가 나를 기다리고 있었다.

"걸어!"

러시아어 호령 한마디에 네 사람의 중국인 뒤에 줄을 서 나도 걷기 시작했다.

'어디로 가는 거지!'

나는 묵묵히 그저 걸었다.

넓고 넓은 시베리아의…… 라는 노랫말 그대로인 넓고 넓은 설원을 지나 황량한 언덕과 산을 걸어서 넘었다.

말을 탄 두 병사는 목소리를 맞춰 소리 높여 노래를 불렀다. 그 노래는 황량한 풍경과 너무나 잘 어울려 나도 모르게 뚝뚝 눈물이 흘려 내렸다. 눈물은 닦지 않아도 거센 찬바람이 가지고 가 버렸다.

삼사십 리나 걸었으리라 생각될 무렵, 나는 한 언덕 아래 쓰러지고 말았다. 그러자 두 병사가 뛰어내려 뭐라고 서로 외치더니 그 중 젊은 쪽이 나를 가볍게 들어 안고 말을 탔다.

나는 어렸을 때 아버지에게 안기어 말을 타본 적은 있지만, 시베리아의 넓은 설원을 러시아 병사에게 안기어 말을 타고 지나는 느낌은 뭐라 표현할 수가 없다.

한 손에는 말고삐를 한손에는 나를! 그리고 네 명의 중국인은 병든 노예처럼 뒤를 따른다. 마치 서부활극의 한 장면 같기도 했다.

말만 통했다면 그때 병사와 나는 아주 멋진 말들을 속삭였을지 모른다.

하지만 그는 때때로 나를 꽉 안으며 빙긋 웃어보였고, 나는 그에 답하여 살짝 흘기는 눈짓을 보일 뿐이었다.

그것은 달콤한 시간이었다. 아! 십 수 년 간 혼자 훌짝거리며 깊어간 꿈! 그 꿈이 이뤄진 아름다운 현실이기도 했다.

환락은 짧고 애상은 길다…….

그 말 그대로 짧은 겨울날은 저물어 갔다.

"이별할 때가 왔소!"

라고 말하는 듯 병사의 눈은 어두워져 갔다.

넓은 들도, 언덕도, 산도 모두 지났고 지금은 무성한 싸리나무 숲속으로 들어가고 있다.

그곳은 소련과 만주의 국경에 가까운 곳으로 나는 그 국경에서 이 병사의 손에 의해 추방되는 거라는 걸 알았다.

얼마 동안 그 싸리나무 숲길을 가더니 병사는 이렇게 말했다.

"이 숲 동쪽에 강이 흐르고 있소, 그 강을 따라 내려가면 한 채의 조선농가가 있소, 거기서 도움을 받으시오. 나도 뒤에 가겠소."

라고 ……. 러시아어를 몇 마디밖에 모르는 내가 이것을 이해하기까지는 십 분 이상이 걸렸다.

거기서 나는 말에서 내려져 혼자 오도카니 싸리숲에 남겨지고 다른 사람들은 그대로 전진하여 가 버렸다.

나는 기아와 추위에 떨며 잰걸음으로 마을을 향해 걸어갔다. 손과 얼굴은 싸리나무 가지에 긁혀 벗겨지고 피는 그대로 얼어붙었다.

얼마 안 가 날은 완전히 저물고 공포는 점점 커져 갔다.

공포! 아무것도 무섭지 않았다. 단지 동사에 대한 공포! 그것뿐이었다.

그때 어둠 사이로 하얗게 언 강이 보였다. 나는 그 언 강 위를 마구 달려갔다. 칠전팔기 정도가 아니라 수십 번을 넘어졌다.

갑자기 한 등불이 보였다! 그것은 바로 가까운 곳에 있었다. 그러나 밤의 등불! 그것은 요물처럼, 가까이 가면 저만큼 멀어지며 "이리 와 이리 와" 하고 손짓을 했다.

무서운 것은 인간이다. 이 세상에 도대체 무엇이 인간보다 더 무섭다고 할 수 있을까!

나는 드디어 병사가 가르쳐준 농가에 당도할 수 있었다.

누가 이런 나를 잠자리라고 부를 수 있을까!

그 농가에서는 나를 진심으로 위로해 주어 그제야 겨우 살았다는 느낌이 들었다.

몸과 얼굴은 꽁꽁 언데다 긁혀서 까지고 부딪혀 멍이 들어 꼭 문둥이 같았다.

밤은 무시무시한 북풍 소리와 함께 깊어갔다.

나는 온몸이 아파 이리저리 뒤척이며 끙끙댈 뿐 자는 것은 생각도 할 수 없었다.

"또각또각"

바람 소리 속에 말발굽 소리가 들려왔다.

"그 병사다!"

나는 직감적으로 알아차리고 일어나 다리를 끌며 밖으로 나왔다.

"야!"

틀림없는 그 병사였다. 그는 말에서 내리자 내 어깨를 쓰다

듣으며 몹시 기뻐해 주었다.

그는 밀항사를 국외로 추방해야 하는 자신의 임무를 어긴 것이다.

그날 밤 병사는 농가 주인과 보드카를 마시며 재미있게 이야기를 나누고 나를 꼭 잘 부탁한다고 당부를 하고는 새벽에 떠나가 버렸다.

나는 눈물을 흘리며 그에게 감사를 전하고 작별했다.

숲 저편으로 떠오르는 아침 해를 받으며 우물물을 긷고 달을 바라보며 들똥을 누고…… 그러는 사이 한 달이 지나가버렸다.

농가 주인의 호의로 여권을 얻을 수가 있었다. 나는 '쿠세레야 김'이라는 이름으로 다시 블라디보스토크로 들어갈 수 있었다.

배에서 내려 사람 물결에 휩쓸리며 도시 입구에 서자 양두마차(이것이 포장마차이리라)가 달려가는 것이 정말로 러시아다운 느낌이었다.

今夜不知何處宿 平沙萬里絶人煙烟(금야부지하처숙 평사만리절인연)[2]이라는 한시의 심경으로 하염없이 도시 입구에 서 있

---

2) 走馬西來欲到天　말 달려 서로 오니 하늘에 닿으려고
辭家見月兩回圓　집 떠나 달을 봄에 두 번이나 둥글구나
今夜不知何處宿　오늘 밤 어디서 잘지 알 수도 없는데
平沙萬里絶人烟　광활한 만 리 사막에 인연마저 끊겼구나
당나라의 대표적 시인 잠삼(岑參, 715~770)의 시 「磧積 中作(사막에서 지음)」이다. 잠삼은 변방 지역의 풍물과 출정군인들의 고뇌에 찬 생활상을 그린 변한시파(邊寒詩派)의 대표 시인.

었다. 내지였다면 몇 번이나 불심검문을 받았을 텐데 이곳의 순사는 전혀 개의치 않았다.

초라한 한 여자가 길가에 우두커니 슬픈 얼굴로 서 있어도 그들 눈에는 다만, 심각한 사상의 '정적' 속에 빠져 있는 것이겠지, 정도밖에는 생각하지 않는 것 같았다.

계속 서 있던 내 쪽이 오히려 견딜 수 없어서 걷기 시작했다. 아무리 걸어 봐도 갈 곳은 없다.

"아! 방랑!"

내 눈은 감상적인 눈물에 젖어 이 감상을 한 수의 시에라도 담고 싶었다. 정말로 나라는 여자애는 어떻게 할 수 없는 무서운 여자였다.

도대체 어찌할 셈이었던가? 지금 돌이켜보면 몸서리가 쳐진다.

말도 모르고, 아는 이라곤 강아지 한 마리도 없는 타국의 거리에서 돈이라곤 종이에 싸서 가지고 있는 십삼 원 육십일 전뿐인데. 아아! 도대체 어찌할 셈이었을까!

(《국민신보》, 1939. 4. 23/30)

산문 연보

작품명	발표지	발표 연도	비 고
도취삼매	중앙	1934. 2	
백합화단	중앙	1934. 4	
연당	신가정	1934. 7	
제목 없는 이야기	신가정	1934. 10	
추성전문(秋聲前聞)	중앙	1934. 10	
사명에 각성한 후	신가정	1935. 2	
무상의 낙(樂)	삼천리	1935. 3	
슈크림	삼천리	1935. 4	
종달새	신가정	1935. 5	
납량 2제	조선문단	1935. 8	
정거장 4제	삼천리	1935. 10	
매화	중앙	1936. 1	
철없는 사회자	중앙	1936. 4	
울음	중앙	1936. 4	
백안(白雁)	조선일보	1937. 3. 5~7	
춘맹(春萌)	조광	1937. 4	
금잠	현대조선여류문학선집	1937. 4	

작 품 명	발 표 지	발표 연도	비 고
자수	현대조선여류문학선집	1937. 4	
초화	문원 2집	1937. 5	
금계납(金鷄納)	여성	1937. 6	
종달새 곡보	여성	1937. 6	
녹음하	조광	1937. 6	
동화사	조광	1937. 8	
손 대지 않고 능금 따기	소년	1937. 8	
사섭(私囁)	조광	1937. 9	
촌민들	여성	1937. 9	
눈 오던 밤의 춘희	여성	1938. 1	
자서소전	여류단편걸작선	1939. 1	
봄 햇살을 맞으며	국민신보	1939. 4. 9	일문日文
나의 시베리아 방랑기	국민신보	1939. 4. 23/30	유고작, 일문
청도기행	여성	1939. 5	기행문
여행은 길동무	국민신보	1939. 7. 2	일문
여성단체의 필요	조선 중앙일보	1936. 1. 24/28	논단

작가 연보

1908년	5월 20일 경북 영천군 영천면 창구동 68번지에서 아버지 백내유(白乃酉)와 어머니 이내동(李內東)의 1남1녀 외동딸로 태어남. 아명은 무잠(武簪), 호적명은 무동(戊東).
1915~1918년	병약하여 집에 이모부 김 씨를 독선생으로 두고 한문을 배우면서 영천 향교에 다니다.
1919년	5월 영천공립보통학교 2학년에 편입학.
1920년	9월 1일 이름을 무잠에서 신애(信愛)로 바꾸고 생년월일도 1907년 5월 19일로 고쳐 영천공립보통학교에서 대구 신명여학교(현 종로초등학교)로 전학.
1921년	10월 건강상 이유로 신명여학교 중퇴. 집에서 한문 수학과 일본 중학강의록으로 공부.
1922년	12월 1일 술동(戌東)이란 이름으로 출생년도를 1906년으로 고쳐 영천공립보통학교 4학년 편입학. 이유는 사범학교에 입학하기 위한 연령 조건 때문이었음.
1923년	3월 영천공립보통학교 수업연한 4년 과정 졸업. 경북도립사범학교(후에 대구사범) 강습과 입학.
1924년	사범학교 졸업. 영천공립보통학교 교사. '조선여성동우회'에 가입하여 여성운동을 시작함.
1925년	경산 자인보통학교로 전임.
1926년	1월 5일 '여성동우회'와 '문화소년회' 연합 주최로 서울 청진동 회중교회에서 어머니와 소녀들을 대상으로

'가정생활 개선' 을 주제로 강연.

1월 10일 '조선여성동우회' 간친회에서 감상담 발표.

1월 22일 겨울방학 중 여성 단체 가입이 탄로나 학교에서 권고사직 후 상경하여 '여성동우회', '경성여자청년동맹' 의 상임위원이 됨.

2월 25일 천도회관에서 '경성여자청년동맹' 1주년 기념식에 단독으로 집회 허가를 받아내고 대회를 혼자 힘으로 성사시킴.

7월 인천 병인청년회 주최 학술강연회에서 강연을 하게 되어 있었으나 연사가 요주의 인물이란 이유로 금지됨.

8월 시흥군 북면 노량진청년회 주최로 '여성의 해방과 경제 조건' 주제 강연.

1927년 '근우회' 전국순회강사로 강연을 하면서 여성운동 전개.

가을, 시베리아 방랑(원산에서 웅기를 거쳐 가는 상선 화물칸에 숨어 블라디보스토크에 도착하여 검거됨. 한 달 뒤 추방되었다가 '쿠세레야김' 이란 여권을 얻어 러시아로 감). 귀국하다 두만 국경에서 왜경에 잡혀 혹독한 고문을 받음. 아버지의 노력으로 경북 경무부로 넘겨진 뒤 풀려나 병원 치료 후 고향 영천에 돌아옴.

10월 오빠 백기호가 사임한 영천청년동맹 교양부 위원으로 선임됨.

11월 '영천청년동맹' 주최 러시아 혁명 기념강연회에서 강연.

1928년 '신간회' 영천지회준비위원.

5월 '근우회' 영천지회 설립준비위원, 임시의장.

7월 '영친청년동맹' 벽(壁)신문 편집책임.

8월 '경북청년도연맹' 여자부장, 경북 청도에서 '부인과 사회'란 주제로 강연을 하기로 되어 있었으나 연사가 불량선인이란 이유로 금지됨.

1929년 《조선일보》 신춘문예에 단편소설 「나의 어머니」가 1등 당선(필명 박계화(朴啓華)

1930년 3월 온 가족이 경산군 안심면 용계동 과수원으로 이사.

5월 일본 동경으로 가다. 일본대학 예술과에 입학하여 문학과 연극을 공부함. 체호프 작품 「개」를 무대에 올린 연극에서 주인공으로 열연했으나 호응이 좋지 않자 연극을 그만 둠.

1931년 집안에서 경제적 지원이 중단되어 봄에 귀국했으나 결혼 강요로 다시 일본으로 감. 식모, 세탁부 같은 일을 하면서 일본 생활을 견딤. '삼육회', '근우회' 동경지회에 관여함.

1932년 가을에 귀국. 약혼.

1933년 이른 봄에 대구공회당에서 결혼.

1934년 《신여성》 1, 2월 단편 「꺼래이」 발표. 이후 개작하여 《현대조선여류문학선집》에 수록(1937년)

5월 《신가정》에 단편 「복선이」 발표.

10월 《신조선》에 단편 「채색교(彩色橋)」 발표. 이후 개작하여 《여류단편걸작집》에 수록(1939년)

11월 《개벽》에 단편 「적빈(赤貧)」 발표. 이후 개작하여

《현대조선문학전집》에 수록(1938년)

12월 《중앙》에 단편 「낙오」 발표.

1935년 1월 《소년중앙》에 소년소설 「멀리 간 동무」 발표.

장편 소년소설 「푸른 하늘」을 《소년중앙》 4월호부터 7월호까지 4회 연재(2회와 3회 연재분은 찾지 못함).

7월 31~8월 1일 《동아일보》에 콩트 「상금 삼 원야」 발표.

8월 《중앙》에 장편 「의혹의 흑모(黑眸)」 1회 연재. 《신조선》에 단편 「악부자(顎富者)」 발표.

12월 《조선문단》에 단편 「정현수」 발표.

1936년 1월 《삼천리》에 단편 「학사」 발표. 《삼천리》사 초청 여류작가 좌담회 참석.

7월 《비판》에 단편 「식인(食因)」 발표. 이후 「호도(糊途)」로 개작하여 《여류단편걸작집》에 수록(1939년)

8월 《삼천리》에 중편 「정조원(貞操怨)」 1회 연재.

11월 《영화조선》에 단편 「어느 전원의 풍경」 발표.

1937년 1월 《삼천리》에 중편 「정조원」 2회 연재.

6월 《백광》에 콩트 「가지 말게」 발표.

1938년 5월 남편과 별거, 친정으로 돌아옴.

6월 25~7월 7일 《조선일보》에 단편 「광인수기」 10회 연재.

7월 《조광》에 단편 「소독부(小毒婦)」 발표.

9월 《사해공론》에 단편 「일여인(一女人)」 발표.

9월 26일 만성위장병으로 입원했던 병원에서 퇴원 후 오빠 백기호의 주선으로 중국 청도로 가서 20여 일 여행을 함.

10월 상해 도착, 오빠 백기호와 소설가 강노향을 만남.

11월 집사 유일락을 시켜 이혼 수속을 밟도록 함.

1939년 봄 무렵부터 라듐 치료를 받기 시작함.

4월 《국민신보》에 산문 「나의 시베리아 방랑기」 발표.

5월 《여성》에 여행기 「청도기행」 발표. 《조광》에 단편 「혼명(混冥)에서」 발표.

5월 말경에 위장병 악화로 경성제국대학병원 입원.

6월 23일 오후 5시 경성제국대학병원에서 췌장암으로 사망. 어머니 강요로 경북 칠곡군 동명면 금암리 산 40번지 중산골에 있는 친정 가족 묘지에 안장. 이후 전쟁 때 인민군 후방 일꾼으로 근무하다 월북한 것으로만 알려지고 있는 오빠 백기호(셋째 딸 경미는 의용군으로 입대하여 전쟁 중에 제대한 후 월북, 큰딸 장미는 60년대에 일본에서 자식 둘을 데리고 월북함) 집안의 연속적인 불행에는 '출가외인이 안장되어 있기 때문'이라는 풍수와 점쟁이들의 말 때문에 파묘됨.

7월 《국민신보》에 유작 산문 「나의 시베리아 방랑기」 발표.

11월 《여성》에 유작 중편 「아름다운 노을」 4회에 걸쳐 연재.

1954년 5월 22일 대구 미국공보원에서 '죽순시인구락부' 주최로 백신애 추도회가 열렸다. 개회사는 구상 시인, '죽음에 대한 소고'는 유치환 시인, 백기만 시인이 '백신애에 대한 인상'을, 시인 이설주, 수필가 전숙희가 백신애 산문 「금잠」과 「자수」를, 원화여고 학생들이 단편 「꺼래이」와 산문 「초화」를 낭송했다.

1977년 소설집 『어느 전원의 풍경』을 《동서문화사》에서 간행.

1987년 소설집 『꺼래이』를 《조선일보》(김윤식 편저)에서 간행. 『불꽃의 여자 백신애』를 《보성출판사》(신희천 편저)에서 간행.

2004년 『아름다운 노을』이 《범우사》(최혜실 편저)에서 간행.

2005년 산문집 『제목 없는 이야기』를 《홍익출판사》(이강언 편저)에서 간행.

2007년 5월 고향 영천에서 탄생 100주년을 앞두고 '백신애기념사업회'가 발족되으며, '백신애문학상'이 제정되었다.

2008년 영천시민운동장 옆에 '백신애문학비'를 세웠다. 원본소설 『백신애 작품집』을 《지식을 만드는 지식》에서 (김문주 편저) 간행.

2009년 『백신애 선집』이 《현대문학》(이중기 편저)에서 간행.

슈크림

초판 인쇄 / 2010년 4월 25일
초판 발행 / 2010년 4월 30일

지은이 / 백신애
펴낸이 / 백신애기념사업회 편

펴낸곳 / 만인사
등록번호 / 1996년 4월 20일 제03-01-306호
주소 / 대구광역시 중구 대봉2동 743-7
전화 / (053)422-0550
팩스 / (053)426-9543
홈페이지 / www.maninsa.co.kr

ISBN 978-89-6349-013-7 03810

값 12,000원